2015年度中华人民共和国教育部人文社会科学研究
西藏项目规划基金项目
《藏族网络用户信息行为特征分析与图书馆服务策略研究》
（项目号：15XZJA870001）

# 高校图书馆、特别是民族高校图书馆发展初谈

马凌云 ◎ 著

中国社会科学出版社

图书在版编目（CIP）数据

高校图书馆、特别是民族高校图书馆发展初谈/马凌云著．—北京：中国社会科学出版社，2017.4

ISBN 978 – 7 – 5203 – 1119 – 9

Ⅰ.①高…　Ⅱ.①马…　Ⅲ.①院校图书馆—图书馆发展—研究—中国　Ⅳ.①G259.256

中国版本图书馆 CIP 数据核字（2017）第 238547 号

出 版 人　赵剑英
责任编辑　郭　鹏
责任校对　张艳萍
责任印制　李寡寡

出　　　版　中国社会科学出版社
社　　　址　北京鼓楼西大街甲 158 号
邮　　　编　100720
网　　　址　http://www.csspw.cn
发 行 部　010 – 84083685
门 市 部　010 – 84029450
经　　　销　新华书店及其他书店

印　　　刷　北京明恒达印务有限公司
装　　　订　廊坊市广阳区广增装订厂
版　　　次　2017 年 4 月第 1 版
印　　　次　2017 年 4 月第 1 次印刷

开　　　本　710×1000　1/16
印　　　张　14.5
插　　　页　2
字　　　数　145 千字
定　　　价　59.00 元

# 目　录

## 高校图书馆的学科化服务

# 高校图书馆的信息化建设

## 高校图书馆的职能发挥

目 录

# 高校图书馆的学科化服务

# 第一章　高校图书馆学科化服务策略

进入 21 世纪，随着信息技术的进步，网络资源、数字资源大量增加，读者的信息需求也越来越要求全面、精准，这些都对高校图书馆提出了新的挑战，使得高校图书馆的文献资源结构、读者服务理念、信息服务模式也随之发生了巨大的变化。高校图书馆应根据高校教育事业发展的需求，对功能重新定位，对信息服务功能进行再设计，以获得更大的发展，发挥更大的作用。高校图书馆的信息服务要能够直接面向科研全过程、融入教学活动之中，努力解决科研和教学过程中遇到的实际问题。因此，开展面向科研和教学并融入科研和教学应用之中的学科化服务，既是高校图书馆信息服务的发展方向，更是学科化服务的核心价值所在。

"学科馆员"制度起源于 20 世纪 70 年代美国和加拿大的研究型大学图书馆，美国、加拿大各大学的"学科馆员"制度发展了二十多年，其实践证明，"学科馆员"制度使高学图书馆真正融入了学校的教学研究中，"学科馆员"与学校师生之间建立起

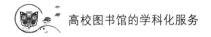

不可分割的学术纽带关系。①

中国国内高校图书馆的"学科馆员"制度起步较晚。从20世纪90年代开始，国内高校图书馆开始逐步重视和开展学科化服务，并取得了一定的成效，但服务水平和服务质量还有待提升。高校图书馆学科化服务是一种需要不断探索和发展的服务方式，学科化服务的根本是用户信息环境的构建和优化设计，"学科馆员"必须在学术交流的背景之下，从用户的立场和需求出发，协调全馆和各方面的力量，融入一线，嵌入过程，提供学科化、个性化、知识化、泛在化的服务，提升用户的能力，为高校科学研究和教学活动提供全方位的信息保障。②

高校的科研工作以及专业学科建设和教学的重点各不相同，高校图书馆学科化服务的取向和需求也因此存在很大的差异，学科化服务应紧密结合本校的学科建设、专业设置情况和科研工作的实际需要，制定切实可行的学科化服务的工作规划，不断探索高质量、高效率的服务策略。服务平台建设、学科点分布、用户群分类、"学科馆员"制度、服务内容是构成整个学科化服务模式框架的五大要素，贯穿于学科化服务开展的全过程。只有将这五大要素紧密结合，才能构建稳定和优化的学科化服务模式框架，使学科化服务系统地开展。③

---

① 何琍芳：《高校图书馆学科化服务研究》，《图书馆》2011年第4期，第126—128页。

② 初景利、张冬荣：《第二代学科馆员与学科化服务》，《图书情报工作》2008年第2期，第6—10、68页。

③ 徐璟、郭晶：《高校图书馆学科化知识服务模式探究》，《图书情报工作》2010年第9期，第14—18页。

## 第一节　制定科学的馆藏学科资源建设规划，为学科化服务提供有力的支撑

学科资源建设是高校图书馆开展学科化服务的信息来源保障。目前，高校图书馆的藏书级别，有着细致的划分原则，多参照美国和中国较通行的五级藏书体系——即高校图书馆的藏书级别可分为完备级、研究级、大学教育级、技术技能级、最低级来进行划分。[①] 高校图书馆应根据本校的专业设置情况和学科发展的需要，做好相关学科发展的调研与分析，以及读者需求现状的调研与分析，更新馆藏建设理念，针对馆藏资源现状，不断调整和优化馆藏结构和资源配置比例。

例如：清华大学图书馆的馆藏级别是以学校的重点学科为主，并以此为依据，基本确定为研究级；但其中少数方向——如非本校研究重点，可以确定为大学教育级。[②]

又如：上海交通大学图书馆在资源建设方面有着丰富的经验，资源采访工作采用"三一三余一"的指导性原则（简称"三一"原则）——就是指文献资源建设必须由采访专业人员、"学科馆员"、院系教授或科研团队三方共同负责，共同协商制定采购计划，最后上报由馆务会和校文献资源建设领导小组讨论

---

① 韩丽风、张秋：《图书馆资源建设学科化的实践与思考——以清华大学图书馆为例》，《图书情报工作》2011 年第 7 期，第 63—67 页。
② 同上。

决策。①

这一做法，表明了"学科馆员"在馆藏资源建设中的重要作用。正是因为"学科馆员"的加入，增强了图书采访工作的学科专业性，使其更加符合用户的文献需求。这些都值得其他高校图书馆学习和借鉴。

上海交通大学图书馆（照片提供马凌云）

## 一　建立学科信息资源库

学科信息资源是学科化服务的基础，学科信息资源库包括图书馆所有类型的馆藏资源库、各种信息检索系统以及数据库资源、网络资源等，是提供学科化信息服务的信息知识源。②

①　陈进：《大学图书馆学科化创新服务体系构建》，《上海高校图书情报工作研究》2008年第3期，第1—4页。

②　李春旺：《学科化服务模式研究》，《图书情报工作》2006年第50（10）期，第14—18页。

学科信息资源库建设是一项动态的、不断发展变化的长期工程，应根据服务现状和用户的需求，不断地更新、补充新的信息资源。

例如：上海交通大学图书馆于2008年设立了机械动力学科、理学学科、医农学科、化学化工学科、电子信息学科、法学与经管类学科和人文学科七大学科点，覆盖了该校24个学院或直属系。其后，该馆又根据学科化服务工作的发展情况和用户需要，及时调整学科点的设置，及时将原有的七大学科点，增加到十个，使服务的质量和范围得到了不断的提升。①

**二　建立本馆的特色文献信息资源库**

高校图书馆应根据高校的学科发展与科研的特殊需要，努力特色文献信息资源库，并力求形成一定的规模，打造独有的服务特色。

例如：吉首大学图书馆的民族地方文献中心现有藏书近2万册，是全国最大的苗族文献信息中心和周围四省市最大的地方文献信息中心。它们还积极开发数字化特色资源，建成了《苗族土家族全文数据库》及《湘西旅游文化书目数据库》。② 这些做法，对于高校图书馆，尤其是对民族高校图书馆有着重要的示范作用。

---

① 徐璟、郭晶：《高校图书馆学科化知识服务模式探究》，《图书情报工作》2010年第54（9）期，第14—18页。
② 曾立群：《试论民族高校图书馆文化软实力的构建与提升》，《内蒙古科技与经济》2009年第11期，第113—114页。

### 三 加强学科情报研究

学科情报研究工作是提升学科化服务质量的基础，学科情报研究工作是指诸如建立学科专家信息库、资源信息档案、学科导航库以及围绕相关学科的最新学术动态、学术热点等学科信息加以研究和整合，进而形成二次文献等文献资料。

随着学科化服务工作的深入，用户也会不断提出新的、更高的需求——在获取充分的学科文献信息的基础上，还要求"学科馆员"能够深入到课题，能够提供深层次的学科情报研究服务，根据科研人员的个性化需求，提供对复杂的信息内容及其内在联系进行深层次揭示和研究分析的报告。

例如：中国科学院国家科学图书馆在这方面做了成功的尝试。该馆开展的学科情报研究主要有两方面的内容，一是为科研人员提供专题情报服务，包括撰写专题调研报告、学科领域的技术热点报告、专题项目预调研报告，等等。二是为科研决策人员提供决策参考服务，包括对科研机构及其国际、国内竞争对手的研发实力、研发产出、未来研发趋势、技术革新贡献等方面的分析与评价。使学科化服务达到更高的水准，这也是科研人员对学科化服务的更高期待。①

---

① 高敏、廖志江：《高校图书馆开展学科化服务中存在的问题和对策》，《中华医学图书情报杂志》2010 年第 10 期，第 25—27、42 页。

## 第二节　建立形式多样的学科知识服务平台，
## 　　　　扩大学科化服务的覆盖面

学科化服务需要以最有效的方式组织、揭示和推广高校图书馆的资源和服务。学科知识服务平台则是基于 Web 2.0 技术建立的一个集多种功能于一体的网络互动平台。这个平台整合了所有的馆藏资源和网络虚拟资源，集成了相关的学科导航和学科信息库等工具，由"学科馆员"和用户共同参与，能够为用户提供全方位、个性化、高效便捷的学科化服务。

例如：马萨诸塞州图书馆 LC（学习共享空间）的参考咨询服务平台，备受当地学生欢迎，正是因为图书馆的服务顺应了当地学生的需要，加之提供的个人的、安静的、合作的学习环境，使这一学习空间变得更加重要，甚至超越了某些在线服务。此外，它们还设立参考和研究支持平台（Reference and Research Assistance Desk），"参考咨询馆员"充分利用电子资源和收编的馆藏资源，以电话、邮件或远程通信方式向更广泛的读者群提供服务，打破了时空界限，提供了个性化的定题专业服务。许多读者认为，此种服务质量高、交互性好且高效。[①]

又如：上海交通大学图书馆对学科化服务平台进行整合，将各系统服务无缝地集成于该校图书馆倾力打造的 LibGuides 平台

---

① 宋海艳：《泛在知识环境下的图书馆学科服务模式与动力机制研究——基于学习空间融合服务的探索》，《情报理论与实践》2010 年第 7 期，第 58—62 页。

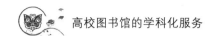

上（LibGuides 平台已在美国哈佛大学、美国华盛顿大学、新加坡国立大学等高校图书馆使用）①，并取得了良好的经验。

### 一　融入用户群中，设立实体咨询服务站点

便捷高效的服务，才是最受欢迎的服务。学科化服务仅仅在高校图书馆网站上开展，是远远不能满足用户需要的。有些用户在使用高校图书馆的过程中遇到问题，无法立刻上网以寻求答案，使高校图书馆的学科化服务受到一定的局限。在用户的身边设立学科咨询点，这种面对面的服务效果，在一定程度上比网络咨询的效果还要好。

例如：上海交通大学图书馆将学科化服务工作岗位设在阅览室中，设立一般咨询点和学科咨询点。一般咨询点由管理员负责解答一般问题；学科咨询点则由"学科咨询馆员"提供深度学科咨询、查新和数据库使用及知识挖掘等服务。一般来讲，先引导学生向管理员咨询，对于不能解决的问题再提交给"学科咨询馆员"，使咨询工作层次分明，分工明确，从而使"学科咨询馆员"把大量花费在日常事务性咨询上的时间节省下来，专心于查新和深度学科咨询服务。② 这种做法易操作、收效大，值得其他高校图书馆的学习和效仿。

① 徐璟、郭晶：《高校图书馆学科化知识服务模式探究》，《图书情报工作》2010 年第 9 期，第 14—18 页。

② 李丽、郭晶、黄敏：《高校图书馆全方位学科咨询服务创新实践》，《图书馆建设》2010 年第 5 期，第 51—54 页。

## 二　打造高校图书馆服务品牌

关于高校图书馆服务品牌的含义，从广义上来说，品牌是代表某一种产品或服务的广为人知的名称；如果一个图书馆能够通过自己的某种独特性，或一定的信息产品、或某一特色服务，在同行业中形成一种差别优势，那么这种优势就是图书馆品牌。[①]

例如：科研人员熟知的"中国知网"，就是由清华大学清华同方公司开发的数据库品牌。此外，上海交通大学图书馆于2003年提出了创建"IC2 创新型服务品牌"的具体策略，IC2 是指"信息共享空间"（Information Commons，简称 IC）和"创新社区"（Innovation Community，简称 IC），上海交通大学图书馆在"IC2 创新型服务品牌"的开展过程中，积累了丰富的高校图书馆服务品牌的工作经验，取得了很好的效果。[②] 这对高校图书馆开展学科化服务工作具有重要的启发意义。

## 三　开发"虚拟社区"服务功能

"虚拟社区"是用户运用网络获取学科文献信息、进行交流互动、实现资源共享的空间，它能够将学科化服务在更大范围内加以推广和延伸，提升馆藏资源的使用率。因此，图书馆应将其作为重要的服务平台。兰小媛和潘卫认为：一个机构或部门内部

---

① 王建萍：《论图书馆品牌文化与图书馆竞争力》，《图书馆学刊》2003 年第 4 期，第 1 页。

② 杨莉、兰小媛、陈进：《大学图书馆品牌经营与推广渠道——以上海交通大学图书馆 IC2 创新型服务品牌实践为例》，《图书馆建设》2011 年第 3 期，第 99—102 页。

的系统平台，只要具备了"去中心化、兴趣集中、资源共享、成员交互"等虚拟社区的核心特质，都可以视为"虚拟社区"。①"虚拟社区"为参考咨询服务提供了强大的服务平台，上海交通大学图书馆利用"虚拟社区"开展的"多对多"的参考咨询模式，突破了传统参考咨询服务"一对多"的模式，为开展基于学科的深度参考咨询服务提供了一个全新的思路。

### 四　建设网络咨询服务平台

高校图书馆可利用强大的网络技术，建设网络咨询服务平台，为用户提供便捷、高效的学科化服务——如图书馆主页、校园网等网络媒体以及博客、BBS、RSS 订阅、内嵌 IM（Internet Message，即时通信软件）、在线咨询、E-mail 等，通过多种途径为用户提供网络咨询服务。

例如：上海交通大学图书馆的学科化服务团队和馆内技术服务部门联手打造基于 Blog 的知识化服务平台，由各"学科咨询馆员"进行实时管理和内容更新，为广大师生建立了 12 个专业 Blog，并在 Blog 内嵌入 IM，使读者与咨询馆员的联系更加便捷，而且，Blog 日志的 Feed 推送功能，满足了读者个性化信息定制需求。Blog 的点击率之高，说明这种服务模式深受广大用户的喜爱和认可。②

---

① 兰小媛、潘卫：《虚拟社区：高校图书馆开展学科服务的新阵地》，《图书馆建设》2010 年第 9 期，第 72—74、79 页。
② 李丽、郭晶、黄敏：《高校图书馆全方位学科咨询服务创新实践》，《图书馆建设》2010 年第 5 期，第 51—54 页。

又如：清华大学图书馆 Blog 服务平台，经过一年多的持续建设和不断完善，已初具规模，如新闻传播学科的 Blog 共设置以"最新消息""每周新书"和"新书简介"为主体的 9 个主要栏目，使馆藏文献资源得到了很好的揭示和使用，极大地缩短了用户的信息获取时间。①

**五 建立用户信息档案，与用户保持紧密的合作伙伴关系**

"学科馆员"应针对相关的学科专业人员，例如学科专家、科研人员等重点用户，建立用户档案，密切关注他们的学科信息需求，与相关部门保持紧密的合作伙伴关系，努力成为其所依赖的、能够协助其完成信息获取、科研工作和学科教学等工作的协作者。

在这一方面，上海交通大学图书馆、清华大学图书馆做得很好："学科馆员"深入院系，积极为专家学者提供学科化服务，取得了很好的成效。

**六 开展特色鲜明的学科化服务工作**

学科化服务的最终目的是满足用户的学科信息需求，无论载体是纸质印刷版的还是电子版的；无论服务媒介是实体的还是虚拟的，只要能满足用户信息需求的服务就是优质的服务。

例如：上海交通大学图书馆于 2009 年 6 月举办的"鲜悦"

---

① 张秋、韩丽风：《清华大学图书馆学科博客探索实践及理性思考》，《图书情报工作》2009 年第 15 期，第 88—91 页。

活动，就是上海交通大学图书馆学科化服务体系中的特色和亮点，"鲜悦"就是 Living library 的意思（Living library 主要是将人作为可借阅的"书"，读"书"就是人面对面交谈）。该活动的这一中文名称，寓意着每个馆藏"书目"都是鲜活的，可以在第一时间分享头脑中激活的智慧，愉悦地"阅读"。这项活动得到了上海交通大学广大师生的一致好评，也是"鲜悦"（Living library）在中国高校图书馆学科化服务工作中成功开展的范例，值得同行的学习。[①]

## 第三节　加强基于学科的用户信息素养培训

用户信息素养是影响学科化服务质量高低的重要因素之一。若要保证学科化服务的优质和高效，就必须注重用户的信息素养培训，提高用户的信息素养。高校图书馆可根据学校的实际情况，划分出不同层次的用户群。

例如：一些院士、专家、博士生导师以及重点学科研究人员可作为重点服务对象；院系的科研团队和实验室也是非常重要的服务对象；研究生需要在数据库检索、课题分析与追踪等方面得到辅助；广大的本科生可作为基础用户群，需要在信息素养方面进行全面培训；还有很多读者需要在图书馆获得更多的艺术人文类文化熏陶，充实校园文化生活，这一长尾用户群的数量也不可

① 王昕、徐璟、李杨、徐炜：《长尾理论在学科服务中的应用——Living Library 案例分析》，《图书馆杂志》2010 年第 4 期，第 45—46 页。

小视。① 针对不同层次的用户群，有计划的实施用户信息素养培训，"授之以鱼不如授之以渔"，使不同层次的用户群掌握与之相关的文献信息检索方法和数据库的使用技巧，既提高了用户信息获取效率，也提高了馆藏信息资源的利用率。

## 一　加强教师的信息素养培训

对于教师的信息素养培训，应重视提高教师的信息素养和信息获取能力，这样做，可以使高校图书馆的信息素养培训工作达到事半功倍的效果。因为教师在授课时，会在不知不觉中将自身储备的信息意识、信息知识、信息获取技巧和方法，融入到教学内容中，并传授给学生。同时，因为教师认识到信息素养的重要性，就会积极配合高校图书馆举办的用户信息素养培训活动，为高校图书馆的用户信息素养培训工作推波助澜。因此，提高教师的信息素养就显得尤为重要。

## 二　加强在校学生的信息素养培训

高校的在校学生可分为本科生和研究生两个大类，他们的"信息素质"存在着很大差异，信息素养教育也应因人而异。笔者通过对读者服务工作实际情况的分析发现，本科生的信息需求主要集中在掌握查找与获取馆藏资源的方法和技巧；研究生的需求则不仅包括对于各种数据库和信息源的检索技巧的迫切需求，

---

① 徐璟、郭晶：《高校图书馆学科化知识服务模式探究》，《图书情报工作》2010 年第17 期，第14—18 页。

还包括毕业论文开题、论文写作等方面的知识需求。

例如：西藏民族大学图书馆根据读者信息需求的不同，推出了不同层次、各有侧重点的培训课程，面向新生开展"图书馆资源与服务导览""图书馆资源介绍和使用""馆藏书目系统（OPAC）全接触"等内容的课程培训，面向大四本科生和研究生开设"开题前的文献调研概述""毕业论文文档排版"及各种数据库的检索和使用技巧的培训课程。

西藏民族大学图书馆（照片提供严欣昱）

### 三 有计划的开展"信息专员"的培训

"信息专员"与高校以往的"院系联络员"不同，"信息专员"弥补了"院系联络员"学科知识薄弱的缺点，具有较强的主观能动性和较高的信息获取能力，是高校图书馆学科化服务的有效延伸和深化。这不仅能够帮助高校图书馆的学科化服务团队提高服务质量，使学科化服务更加有的放矢，而且在一定程度上充实和壮大了高校图书馆的学科化服务团队。"信息专员"主要是由各学科带头人、科研团队负责人选派的年轻教师、研究生或博士生担任，他们普遍具有深厚的学科知识背景，如果他们能掌握高校图书馆的专业检索方法和技能，将会成为很称职的"学科馆员"。

例如：上海交通大学图书馆于2009年推出"科研团队信息专员网络"建设计划，已经成为该校图书馆学科化服务对院系科研团队的有效延伸和深度嵌入。经过该校图书馆的"信息专员"专项培训、考核合格后，由科研团队负责人与该校图书馆签订《上海交通大学科研信息专员授权委托书》，科研团队"信息专员"可代表该团队带头人行使该校图书馆专授的一切权限。目前，"信息专员"已遍布该校的23个院系，取得了很好的成绩。①

## 第四节　建立科学的学科化服务管理机制

科学合理的学科化服务管理机制是学科化服务质量的前提和保证。制定可持续发展的服务规划和严谨的工作细则，可以使"学科馆员"明确学科化服务的目标和任务；设立专职的"学科馆员"岗位，可以使"学科馆员"集中精力做好学科化服务工

---

① 李佩、范秀凤、王珽嘉：《图书馆学科化服务的有效延伸和嵌入——记"科研团队信息专员网络"建设》，《图书馆杂志》2011年第6期，第65—67页。

作；打造一支高素质的学科化服务团队，可以全面提升学科化服务质量。

## 一　建设高素质的学科化服务团队

高校图书馆的学科化服务团队建设，是学科化服务工作可持续发展的基础。"学科馆员"必须具备良好的学科专业素质、良好的图书馆业务素质和个人修养，才能胜任这项工作。"学科馆员"应加强学科背景知识和图书馆专业知识的学习，全面提升自身的综合素质。要能够熟练掌握高校图书馆的信息检索技能和使用方法，关注国内外的相关学科的研究热点和趋势，具备敏锐的信息意识，加强与用户的沟通，有效地组织整合相关学科的信息，为提供高质量的学科化服务打下坚实的基础。

## 二　培养"学科馆员"的团队协作意识

学科化服务不是"学科馆员"独立工作就可以完成的，而是要依靠整个服务团队乃至高校图书馆各个部门的参与和支持才能完成。应加强部门间的横向联系，团队中的每个成员要各司其职、默契配合，才能圆满完成工作任务。

例如：北京大学图书馆的学科化服务团队由咨询部门、资源建设部门、分馆等部门联合创建。

又如：复旦大学图书馆的学科化服务小组则是由"学科馆员""咨询馆员""采访馆员""期刊馆员"和"学科化服务协调人"组成。可见，学科化服务工作是要依靠高校图书馆各部门的力量，相互配合才能完成的。[①]

### 三 设立专职的"学科馆员"岗位

目前，很多高校图书馆的"学科馆员"的岗位是兼职的，难以保证"学科馆员"的工作时间和工作质量，"学科馆员"要有保障充足的工作时间和精力，才能专心于学科化服务工作，才能深入相关学科进行及时的资料收集、分析研究工作，才能为用户提供深层次的学科化服务。

### 四 制定学科化服务工作考核制度

制定科学的学科化服务工作考核制度，有助于增强"学科馆员"的责任心，重视用户的反馈信息，及时总结工作经验和教训，为今后的工作提供参考，使学科化服务工作的质量得到不断的提高。

## 第五节 结语

高校图书馆的学科化服务工作虽然已经取得了一些成绩，但要满足高校的学科建设和日趋专业化、个性化的学科信息需求还是远远不够的。学科化服务工作应在总结已有经验的基础上，制定科学的学科化信息资源建设规划，培养和组建高素质的"学科

---

① 徐璟、郭晶：《高校图书馆学科化知识服务模式探究》，《图书情报工作》2010 年第17 期，第14—18 页。

馆员"队伍，积极学习和借鉴先进的学科化服务模式，不断完善和创新学科化服务方法，进一步提升学科化服务质量，实现学科化服务的实质性飞跃，为学科用户提供优质高效的主动服务。

# 第二章　高校图书馆学科化服务与高校学科建设的关系

　　高校的学科建设，是高校办学定位和办学特色的重要标志；是衡量高校办学水平和办学质量的重要标准之一；是高校更快、更好地实现高等教育改革与发展的基础和前提；是充分展示高校的教学力量、科研水平和能力以及未来发展潜力的重要平台；是体现高校办学水平和办学质量的重要依据；是实现高校可持续发展的重要支撑。高校注重学科建设，能够提升高校的科研水平和科研能力，进而促进高校学科专业的教学实力，提高教学质量，培养出高质量的专业人才，进一步增强高校办学的综合实力和社会竞争力。

　　高校图书馆作为高校办学的三大支柱之一，是高校建设和发展的重要组成部分。高校图书馆作为高校的文献信息中心，是为教学和科研服务的重要部门，在学科建设中起着重要的文献保障作用。因此，高校图书馆应根据高校的学科建设规划和学科发展目标，制定科学有效的学科文献资源建设计划，创新服务模式，加强学科化服务工作，构建符合学科发展要求的文献资源保障体

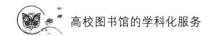

系，以促进学校的学科建设。随着计算机技术的飞速发展，数字技术、网络技术在高校图书馆的广泛应用，在数字化、网络化环境下的高校图书馆学科化服务模式，已成为高校图书馆学科化服务的崭新服务模式。

高校图书馆的学科化服务是高校图书馆近年来相继推出的一项重要的服务工作，对于高校的学科建设发展有着至关重要的作用。所以，积极开展学科化服务，让"学科馆员"走进院系，走进学科，融入科研团队、跟踪研究全过程，成为称职的"学科馆员"，提供高质量的学科化服务，将是高校图书馆信息服务发展的必然趋势。

可见，高校图书馆学科化服务与高校学科建设有着极为密切的关系，二者之间是相互促进、相互提高、协同发展、相辅相成的关系。学科建设对文献信息的强烈需求，是高校图书馆的文献建设、服务能力、人员素质完善和提高的催化剂，可以促进高校图书馆各方面的发展和进步。同时，高校图书馆丰富的文献资源和强大的技术支撑，为学科建设的顺利、快速发展，提供了有利的条件。下面，笔者着重从学科化服务工作的特点以及服务中遇到的困难和障碍等方面，分析高校图书馆学科化服务与高校学科建设的关系。

# 第一节  高校图书馆学科化服务的特点

高校图书馆开展学科化服务是高校图书馆参与高校学科建设的重要举措，学科化服务，就是以学科为基础，以"学科馆员"

为核心，针对用户专业及学科，采用先进的信息技术和网络技术开展的介于信息服务和知识服务之间的一种新型服务模式。[①] 这项工作主要是依靠学科专业素质和图书馆业务素质等综合素质较高的"学科馆员"来实现和完成。如果想要更好地做好学科化服务工作，就要了解和掌握学科化服务所特有的特点。

### 一　学科化服务的内容具有学科性、专业性特点

学科建设和学科的科研水平是高校办学水平和办学特色的重要标志。学科建设的重要性和紧迫性，已有很多学者进行了详尽的论述。梁传杰认为，学科建设包括了高校的人才培养、科学研究队伍和师资队伍建设等主要内容，也就是说，学科建设涵盖了高校办学中最为核心的内容。[②] 魏燕认为，只有高水平的学科才能在社会中产生信任感、认同感，才有可能承接重大科研项目，产生重大科技成果。[③] 由此可见，没有高水平的学科，就难以出现有实力的大学。学科水平已成为大学办学水平、办学特色和社会知名度的主要标志。这就要求高校图书馆的学科化服务工作要及时跟上，做好学科建设的文献保障工作，及时提供准确的文献信息服务，甚至为学科的决策提供有价值的参考依据。

---

① 宋惠兰：《高校图书馆学科化服务创新研究》，《图书馆学研究》2008 年第 11 期，第88—89 页。

② 梁传杰：《对学科建设几个基本问题的思考》，《研究生教育研究》2012 年第 2期，第 57—60、65 页。

③ 魏燕：《高校学科建设基本问题初探》，《教育教学论坛》2011 年第 12 期，第180—181 页。

因此，高校图书馆开展学科化服务工作，无论对学校的学科建设，还是对高校图书馆自身的发展，都有着深远的意义。学科化服务工作的开展，能够很好地强化馆藏资源建设、提高馆藏资源的利用率、促进高校图书馆参与到各院系的学科建设工作之中、实现高校图书馆服务模式的创新和服务质量的提升。高校图书馆已经日渐成为学科建设、专业学科教学和科研工作中不可或缺的重要成员。

## 二　学科化服务是具有主动性、个性化特点的深层次信息服务

主动性服务的重要性已不言而喻，而什么是个性化服务，则说法很多。张琴为个性化服务做了较为贴切、全面的定义。个性化服务（Personalized Service），指的是基于信息用户的信息使用行为、习惯、偏好和特点来向用户提供满足其各种个性化需求的服务。①

学科化服务主要是依靠"学科馆员"与相关服务院系间的密切合作和高效服务来实现和完成。首先，是由"学科馆员"主动到相关服务院系，充分了解专家、教授、学科带头人以及专业教师、高学历人才的文献需求，根据相关学科的专业特点，有针对性地宣传推广高校图书馆的资源，提供个性化鲜明的学科化服务，从而使学科化服务在深度和广度上，更好的满足用户的文献需求。其次，主动性不仅仅体现在与高校服务院

---

① 张琴：《高校图书馆个性化服务现状和影响因素分析——以十堰职业技术学院图书馆为例》，《图书馆建设》2008年第1期，第75—78页。

系的主动联系上，还体现在"学科馆员"应围绕高校服务院系的学科建设的实际需要，将分散的、不同载体形式的学科信息、资源主动地进行科学的收集、整理、分类、加工，形成适合学科专业需求、具有鲜明专业特色、学术价值较高的二次文献——包括目录、索引、文摘（有条件的图书馆可以在此基础上）自建的二次文献数据库等，打造高校图书馆的特色馆藏和特色数据库。在满足读者需要的同时，还要充实和完善高校图书馆的文献信息资源。

可见，学科化服务工作可以使高校图书馆的服务功能得到更加充分地发挥，服务能力得到更大的提高，也可以促进高校图书馆的特色服务和特色馆藏得以发挥更大的作用；可以使高校的学科建设和办学特色更加鲜明，有利于高校专业人才的引进，进而形成良性循环的办学机制。

### 三　服务模式呈现多样化的特点

随着科学技术的发展和信息量的急剧增加，传统的服务模式——坐等读者上门的"被动式"服务已经无法满足网络信息环境下的读者需求，高校图书馆应及时更新服务理念、创新服务模式、提供学科化服务。为了更加有效地服务于学科建设，最大限度地满足学科建设的文献信息需求，高校图书馆应构建较为完整的学科化服务体系，创建"学科馆员"和学科专业人员的交流平台，以保证学科化服务工作的顺利进行。

例如："学科馆员"可以通过高校图书馆主页上的虚拟参考咨询平台、电话、电子邮件、QQ 等方式和途径，根据用户的实际需求，采取灵活多样的服务方法，进行"一对一""一对多"的学科信息咨询服务；充分发挥计算机、网络等技术优势和丰富的文献资源优势，打破传统服务的时空局限，为用户提供高质量的学科化服务。通过学科化服务工作的逐步深入，可以促进高校图书馆"学科馆员"队伍素质的提升和计算机硬件水平的改善，可从整体上带动高校图书馆的发展，为更好地服务于高校的学科建设奠定坚实的基础。

### 四　馆藏资源呈现出网络化、数字化的特点

伴随着大量电子文献的涌现，高校图书馆仅依靠纸质文献是无法满足用户的需要的，网络资源、数字资源、电子文献不仅信息容量大，而且具备纸质文献无可比拟的优势——便于检索与获取、检索效率高，能够极大地提高用户的文献获取效率，为用户节省宝贵的时间。高校图书馆应发挥计算机网络技术的优势，将纸质资源数字化，将丰富的网络资源和数字资源转化为馆藏资源，提升文献资源的利用率。

例如：笔者所在的西藏民族大学图书馆先后购入了"CNKI中国知网""万方全文数据库""中国人民大学复印报刊资料数据库""维普网""全国报刊索引数据库"等电子期刊；还购入了"读秀（中文学术搜索）""超星图书包库""时代圣典""书生之家"等电子图书资源；同时也购买了部分多媒体、视频、光盘等数据库，丰富和充实了该馆的文献资源，完善了该馆的文献建设结构。

# 第二节　学科化服务工作中存在的问题

学科化服务概念自 1998 年被引进中国以来，已有近 15 年的时间，学科化服务的专业性、学术性等特点决定了这项工作的难度是很大的。在长期的实践中，中国的高校图书馆积累了许多丰富的经验，但也存在着很多的问题。这些问题在很大程度上制约着高校的学科建设和发展。

### 一　学科文献资源匮乏，难以满足学科建设的需要

目前，中国大多数高校图书馆的馆藏仍以纸质文献为主，电子资源和数字资源相对贫乏。据 CALIS 提供的数据推算，目前，中国高校图书馆文献资料购置经费仅有 20% 左右用于购买电子文献，80% 的经费仍被用于购买印本文献（国外图书馆 80% 的馆藏为电子文献，20% 的馆藏为印本文献）。[①] 为了满足高校学科建设的需要，高校图书馆已开始转变馆藏资源的建设重点，加大电子资源和数字资源的建设力度，逐步完善馆藏结构，同时有重点地进行学科文献信息资源建设，努力保障高校学科建设的顺利进行。

高校学科文献信息资源建设是顺应学科建设的需求，也是高校图书馆开展学科化服务的资源基础。高校图书馆应注重加强学科专业文献信息资源的保障力度，根据学科建设的实际情况，对

---

① 张爱梅：《高校图书馆开展学科化服务的问题与对策》2011 年第 4 期，第 37—39 页。

学科建设的文献需求进行认真的调研，并结合馆藏实际，科学制定学科文献信息资源建设计划，保证学科专业文献资料的收藏深度和广度，进而创建各高校图书馆特色馆藏还应注重突出馆藏特色，建立学科文献信息库和相应的学科导航系统，通过"学科馆员"对特定学科的文献信息进行组织、整合，同时进行有效的文献传递服务，以实现为学科专业人员服务的目标。

与此同时，高校学科建设的文献信息需求对高校图书馆的依赖，在客观上促进了高校图书馆的文献资源建设，可以切实提高它们的文献信息的保障能力和学科化服务的工作质量——可以使高校图书馆的文献采购在专业性、时效性等方面的把握更加精准，使有限的图书经费能最大限度地发挥作用，并能够充分满足学科建设的文献信息需求。

## 二 学科化服务未能充分体现学科性、专业性的特点

对于学科化服务的工作内容、形式等，应根据高校图书馆的馆藏资源与技术、人员的力量，制定符合高校学科建设的服务目标。不能脱离实际，盲目效仿甚至照抄、照搬一些大馆的做法，使得高校图书馆投入大量的人力和物力，却不能达到理想的服务效果。目前，许多高校图书馆开展的学科化服务工作，仅仅停留在学科资源建设（根据专家、教授及专业教师提出的购书要求采购部分专业图书）、开展读者培训以及一些常规性的参考咨询和文献检索服务（为专家、教授及专业教师查找一些资料）等层面上，学科化服务的深度还很不够，对用户的科研工作缺乏参与，无法充分体现学科化服务工作的针对

性、专业性特点。

### 三　加强用户"信息素质"教育

学科化服务针对的对象是高校的专业教学人员、科研人员和部分有学科化服务需求的在校大学生，其中包括许多学术造诣很高的专家、学科带头人，他们在各自的学科领域刻苦钻研。由于不了解高校图书馆的文献资源情况，他们在文献的查找、收集过程中遇到过不少困难，耽误了许多时间，使他们的科研、教学工作受到很大的限制。为了使高校图书馆的文献资源发挥更大的作用，"学科馆员"要走出高校图书馆，走进相关院系，面向师生介绍高校图书馆的文献资源和检索方法以及各类数据库的特点、使用方法，开展形式多样的用户"信息素质"教育活动，帮助用户掌握和提高信息检索技能，提高用户的信息意识和文献的检索、获取能力。目前，许多高校已经开设了文献检索课，积极开展新生入馆教育和各类文献数据库的使用方法专题讲座。

### 四　急需组建高素质的"学科馆员"队伍

拥有一支高素质的服务团队，是开展优质的学科化服务的基础，并能不断带动和提升高校图书馆的服务质量，进而促进高校图书馆学术科研能力、业务素质等方面的全面发展。良性的发展进而体现在对读者服务质量的提高。因此，组建一支高素质的"学科馆员"队伍至关重要。"学科馆员"应加强学科背景知识和图书馆专业知识的学习，全面提升自身的综合素质。既要掌握一定的学科专业知识，又要精通高校图书馆的业务工作，尤其是

要努力掌握高校图书馆的信息检索技能和使用方法。

值得注意的是，"学科馆员"队伍中还存在学历低、专业素质较差、学科知识老化等现象，同时，多数"学科馆员"是在承担着本职工作的基础上兼职于学科化服务，在时间和精力上无法专注投入。这些都是制约学科化服务开展和质量提升的重要因素。

"学科馆员"是高校图书馆与学校、各二级学院的沟通桥梁和信息传递员，需要具备丰富的学科专业知识及图书馆业务知识和服务经验。因此，学科化服务工作对高校图书馆工作人员素质的高要求，在无形中给高校图书馆的服务团队提出了挑战，加速了队伍优化和素质提升的速度。

### 五　图书馆与教学科研机构的协作不够深入和默契

学科化服务工作需要高校图书馆与各院系紧密联系、密切配合才能实现，"学科馆员"应与教师与科研人员建立合作伙伴关系，进一步开展"嵌入式"学科化服务，以提供高质量、深层次的专业学科化服务。由于用户对高校图书馆的资源与服务了解不够，他们对"学科馆员"的宣传推广工作缺乏积极响应，甚至认为"学科馆员"的到来增加了他们的工作量，容易产生抵触情绪，导致学科化服务工作的深入开展面临困难。笔者相信，通过"学科馆员"的不懈努力，随着用户对高校图书馆的认识和了解不断加深，他们会逐渐体会到高校图书馆资源的优越性，并由此对高校图书馆产生信任和依赖。因此，学科化服务拉近了图书馆与高校各院系之间的关系，构建了双方沟通的桥梁，促进了高校图书馆服务能力的提高和高校学科建设的更快、更好发展。

### 六　建立科学的服务体系和配套机制

学科化服务的价值是通过给用户提供高质量的文献信息服务得以体现的，学科化服务的终极目标是帮助用户获取有价值的文献信息。因此，如果想要切实提高和保证服务质量，就要制定科学的服务体系和管理机制，加强团队意识与合作意识，协调好高校图书馆与对口服务院系间的合作关系，明确高校图书馆内部各部门间的分工协作原则，以保障学科化服务工作科学有序地进行。要及时做好学科资源建设规划、课题跟踪、文献传递等工作的服务记录，重视收集用户的反馈信息，及时总结工作经验和教训，为今后的工作提供参考，使学科化服务工作的质量得到不断的提高，进而使高校图书馆的服务团队整体素质得到提高。这不仅提升了学科化服务的工作质量，同时也提升了读者服务工作的整体质量和效率。

# 第三节　结语

综上所述，数字化和信息化的快速发展，为高校图书馆的学科化服务提供了广阔的活动空间，为实现高校图书馆文献信息资源服务与高校学科建设紧密衔接提供了优良的信息环境，学科化服务必将成为高校图书馆服务体系中的一个亮点，成为高校学科建设不可或缺的重要组成部分。

华东师范大学图书馆的外文现刊阅览区（照片提供马凌云）

# 第三章　高校图书馆学科化服务
工作中存在的问题

　　随着数字化、网络化的不断发展，信息环境发生了巨大变化，网络资源日益丰富，高校图书馆的信息服务工作模式也随之发生变化。学科化服务是近年来高校图书馆研究的热点之一。学科化服务是顺应信息环境的变化，在高校师生的信息需求日益多样化、个性化和专业化程度不断提高的趋势下，由高校图书馆主动开展的一项创新性的知识推送服务。"学科馆员"作为学科化服务的主要实施者和推动者，承载着学科化服务的不断创新发展的重任。学科化服务自 1998 年被引进中国高校图书馆以来①，目前已有很多高校图书馆开展了这项服务，并取得了显著成绩，在很大程度上满足了院系师生的文献信息需求。但同时也应该看到，在学科化服务工作中还存在着一些不尽如人意的地方，特别是在"融入教学和科研"服务方面，得

---

　　① 马凌云：《浅议高校图书馆的学科馆员建设》，《西藏民族学院学报》2010 年第 2 期，第 108—111 页。

到相关院系的认同程度并不高。学科化服务的目标是要加强高校图书馆对高校学科建设及教学科研的服务支持力度，加强高校图书馆与各院系的联系。这就需要良好的"学科馆员"服务和良好的服务系统平台。本文将对学科化服务工作中存在的问题做一总结归纳，与同行们商讨，以求为更好地开展学科化服务工作提供参考。

## 第一节  学科化服务的定位与核心价值问题

对学科化服务的核心价值的准确定位和认识，直接关乎学科化服务工作的质量。目前，在这一问题上，高校图书馆没有统一的认识，存在着差异和分歧。韩丽风等人对此做了细致全面的分析，他们认为，主要有三个方面的问题。第一，对学科化服务界定的宽泛化。由于大部分"学科馆员"都是高校图书馆的业务骨干，如果学科化服务工作没有核心的目标定位，会使其职责无限扩张，导致"学科馆员"的任务繁多，时间和精力等无法得到保障，使真正面向学科专业的学科化服务无法发挥主动性和学科性，将不利于学科化服务工作的开展。第二，对学科化服务的理解过于狭窄。把学科化服务简单的等同于"学科馆员"与相关院系的联络。不少"学科馆员"感觉到相关院系对"学科馆员"的工作并没有积极的响应和反馈，这种将学科化服务的开展寄希望于相关院系的热烈响应和文献需求量的增加，其收效就可想而知了。第三，学科化服务的深化。学术界对"学科馆员"的定位是学科文献信息专家，而不是学科专家。因此，高校图书馆学化服务的核心价值就在于为用户选择优秀的学科文献资源，以有效的方式组织、揭示、宣传推广高校图书馆的资源和服务，提高用户的信息意识以及获取和利用信息的能力，使用户可以根据个人需要，自主满足信息需求，而不是简单的由"学科馆员"代替读者获取学科文献信息[①]，即"授之以鱼不如授之以渔"。可见，明确了学科化服务的核心价值的定位，可以使学科化服务的工作内容和努力方向更加明确。

## 第二节　学科化服务的用户需求问题

高校图书馆作为学校的文献信息保障中心，有着丰富的文献信息资源，可实际上，高校图书馆的文献资源只是用户所需文献的一部分。针对不同类型的文献，其需求情况也存在差异。如图书和期刊，如果是用户急需或是学术界权威的图书、核心刊物，他们往往会采取自行购买的方式。到高校图书馆所查找的文献，则往往是很难找到的、很难订阅到的一些文献，需要高校图书馆通过电子文献、数据库、文献传递等途径加以满足。此外，不同学科的用户，在文献需求方面也存在很大的差异，用户潜在需求的培养和显性需求的发现，则是"学科馆员"义不容辞的责任。因此，"学科馆员"既不要不切实际地期待所有用户对"学科馆员"的联系和服务都有热烈的回应，也不必悲观地被动等待用户

---

① 韩丽风、徐璐：《高校图书馆面向学科服务中的关键问题探索》，《图书馆杂志》2010年第12期，第45—48页。

上门，而应对用户需求有着客观冷静的认识，积极主动地、有的放矢地宣传高校图书馆的资源与服务，适时提供有效的知识推送服务，真正融入用户的信息活动中。同时，"学科馆员"应关注学术带头人、专家等人的文献需求——因为他们的文献需求往往具有一定的代表性，对高校图书馆的资源建设和学科文献的补充有着很高的指导和参考价值；他们对高校图书馆的认知和认可，能够影响更多的用户对高校图书馆的重新认识，从而扩大学科化服务的覆盖面。

"嵌入式图书馆员"（Embedded librarian，EI）的出现，推出了学科化服务工作的创新服务——嵌入式学科化服务模式，取得了较好的效果。

例如：美国亚利桑那健康科学图书馆的 EI 有 95% 的工作时间是在服务高校用户，主要满足教师和研究人员的信息请求——如提供文献检索支持，编写信息素养内容元件，回答有关基金、出版物和教学的信息咨询等内容。此外，该图书馆的EI 还坚持定期参加学院的教学会议，在专题环节介绍该图书馆的现状与服务，寻找与学院合作的机会。同时，教师也将该图书馆的 EI 视为合作伙伴，请他们参加实体和虚拟教学工作。该图书馆的 EI 还开发了专门课程支持网页，提供专业的信息资源聚合：热门链接（快速连接）、课堂作业支持、专业工具和专业资源等。①

---

① 李金芳：《美国高校图书馆嵌入式学科服务的典型案例研究》，《图书馆杂志》2012年第 11 期，第 73—77 页。

## 第三节　学科化服务的现实性问题

　　学科化服务工作是高校学科建设和高校图书馆自身发展的需要，学科化服务的工作内容和形式等方面的规划和策略，应根据学校学科建设情况和高校图书馆的馆藏资源、技术设备和专业人员的力量等方面的实际情况，确定学科化服务的工作重心和努力方向，制定符合高校学科建设和高校图书馆服务能力的服务目标，构建适合学校发展需求的学科化服务架构。切忌脱离实际，盲目效仿甚至照抄、照搬一些大馆的做法，这会导致图书馆投入大量的人力和物力，却不能达到理想的服务效果。目前，许多高校图书馆虽已开展学科化服务工作，但是学科化服务工作仍偏重学科文献资源建设，忽视服务工作，仅仅停留在学科资源建设（根据专家、教授及专业教师提出的购书要求采购部分专业图书）、开展读者培训以及一些常规性的参考咨询和文献检索服务（为专家、教授及专业教师查找一些资料）等层面上，学科化服务的深度还很不够，对用户的科研活动很少参与，无法充分体现学科化服务工作的学科性、专业性的特点。

## 第四节　学科文献资源建设问题

　　目前，中国大多数高校图书馆的馆藏仍以纸质文献为主，电子资源和数字资源相对贫乏。为了满足学科建设的需要，高校图书馆应更新文献建设理念，转变馆藏资源建设重点，加大电子资源和数字资源的建设力度，建立学科文献信息库和相应的学科导航，注重特色资源建设，突出馆藏特色。地方高校图书馆应根据地域和民族特色，打造特色文献服务，并逐步做大、做强。同时，还要注重高校图书馆间的联系和资源共建、共享体系的建设，以避免重复建设所造成的人力、经费的浪费。

## 第五节　学科导航系统的构建问题

学科文献资源是学科化服务的保障，学科导航系统是学科文献资源建设的重要组成部分。学科文献资源的组织体系不够规范，资源更新不够及时，资源合作共建、共享能力较弱，缺乏用户评价的管理机制，利用率较低，这是学科化服务中普遍存在的问题。学科导航是学科化服务的重要内容，目前，大多数高校的学科导航系统建设只遵从"资源本体模式"，自行进行，没有统一的建设标准和规范，学科导航系统的质量参差不齐，与用户需求在一定程度上存在脱节现象，服务的提供与用户的信息行为心理及信息行为习惯不相匹配，影响了用户的使用效果和体验舒适度，导致学科导航利用率不高。高校图书馆应积极应对此问题，根据各自不同的学科设置及用户需求情况，构建以用户为中心、从用户角度出发的学科导航系统，并使学科信息门户与高校图书馆的参考咨询、信息检索工作密切结合。导航库的建设应有别于其他数据库的建设，应不断听取专家们的意见和建议；导航库的内容应注重时效性，做到及时更新，将最新的网络信息资源纳入馆藏文献信息保障体系。例如，反应学术研究热点和发展趋势的重要会议、学术论坛和图书、报刊、论文等。还可以开发自助式学科知识服务平台，为用户自主地查找、收集、分析和利用学科信息资源提供技术支持。

## 第六节　学科化服务的宣传推广与服务平台建设问题

　　向高校的院系师生宣传推广高校图书馆的学科化服务，这是一项紧迫的任务。在高校中，有相当一部分教师不知道高校图书馆能够提供哪些服务、有什么是与本专业相关的文献资源。院系教师平时忙于教学科研工作，对高校图书馆的资源缺乏了解，甚至不熟悉或没有掌握基本的文献检索技能，这是导致高校图书馆资源利用率不高的原因之一。在信息量巨大和获取方式多样化的信息环境下，院系师生对于被动接受高校图书馆的服务宣传很难产生兴趣。"学科馆员"有义务、有责任采取多种方式和方法，向院系师生宣传、介绍学科化服务，打造良好的服务平台。应从面向科研的服务和参与教学活动两个方面进行，前者包括用户资源整合、跟踪服务、信息推送、定题检索、个别用户培训；后者包括教学参考服务、多媒体课件开发、对学生进行指导和培训等。

　　2008 年，上海交通大学图书馆首创 IC2 创新服务理念，营建支持主题学术创新和交流的环境，以学科化服务为主线开展工作，并提倡与读者的互动交流。为适应当代大学教育的协作式学习的需要，在 IC（Information Commons）基础上，该管创新打造

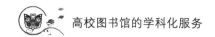

了一种更为协作、便捷的学习共享空间（Learning Commons，简称 LC），充分发挥 LC 服务平台的知识中心、交流中心和知识创造的功能，提升用户的信息素养能力。

## 第七节　用户的"信息素质"教育问题

学科化服务的对象主要是高校的专业教师、科研人员和部分有学科化服务需求的在校大学生、研究生，其中包括许多学术造诣很高的学科带头人等，他们对各自的学科领域的文献情况很熟悉，但由于不了解高校图书馆的文献资源情况和检索方法，在文献的查找、收集过程中遇到了很多困难，在文献获取的时效性方面受到了很大限制，阻碍了对学术前沿、热点问题和发展趋势等信息的及时获取，使他们的科研、教学工作受到很大的影响。"学科馆员"要走出图书馆，走进对口服务院系，面向师生宣传介绍高校图书馆的文献资源和检索方法，针对不同的用户群，举办各类数据库使用方法的讲座，开展形式多样的用户"信息素质"教育活动，帮助用户掌握和提高信息检索技能，提高用户的信息意识和文献的检索、获取能力。但是，用户的冷淡反应往往导致高校图书馆所举办的"信息素质"教育讲座和培训工作收效甚微，在这种情况下，"学科馆员"应另辟蹊径，积极开展嵌入式"信息素质"教育工作，与院系专业教师密切配合，将"信息素质"教育自然地嵌入到院系的专业课程教学中，为学生提供适时的、针对性的"信息素质"培训。这就需要"学科馆员"具备一定的专业学科背景，了解相关院系专业课程教学的实际情况，并在此基础上掌握学生的专业信息需求情况，制定相应的"信息素质"教育内容和计划，做好宣传工作，为学生提供相关的文献补充和检索方法的讲解，激发其使用高校图书馆资源的兴趣，使"信息素质"教育和培训工作逐步嵌入院系的教学与科研工作中。

## 第八节　"学科馆员"素质问题

高质量的学科化服务，不仅需要丰富的文献资源和专业设备等硬件条件，还需要综合素质过硬的"学科馆员"队伍等软件条件。目前，"学科馆员"队伍构成与"学科馆员"的素质要求相差较远，"学科馆员"中同时具备图书情报专业和专业学科背景的人员很少，大多数"学科馆员"是由高校图书馆的业务骨干担任，对高校图书馆的文献建设和读者服务工作的经验较为丰富，但学科专业背景知识相对缺乏，使学科化服务工作很难真正融入到院系和科研部门的教学与科研活动中，影响了学科化服务工作的正常开展。此外，云计算、发现工具、开源软件及各种网络技术在高校图书馆推广应用，已成为影响高校图书馆学科化服务质量的重要技术因素，基于信息技术的学科化服务领域，对"学科馆员"综合素质和操作技能提出了更高的要求。"学科馆员"必须努力学习和掌握网络信息技术，熟悉高校图书馆各种数据库的检索和使用方法，通过服务系统等平台和工具的运用开展学科化服务工作。

高校图书馆应根据学科化服务工作的实际，对"学科馆员"

开展业务培训工作，为他们提供参加有关学科化服务工作方面的学术交流会和研讨班的机会，鼓励"学科馆员"自学和参加继续教育，提高"学科馆员"的业务素质，打造一支业务过硬、知识结构合理的学科化服务团队。

## 第九节　学科化服务的制度和体系问题

要切实提高和保证服务质量，就要制定科学的服务体系和管理机制。目前，学科化服务工作普遍存在制度和体系不健全的问题。这就需要充分发挥高校图书馆管理者的主动性，建立、健全相关的制度——如建立"学科馆员"选拔与培养机制、协作化资源建设机制、科学有效的绩效管理与评价机制等，为学科化服务提供全面的制度保障。要使"学科馆员"加强团队意识与合作意识，协调高校图书馆与对口服务院系间的合作关系，明确高校图书馆内部各部门间的分工协作关系，这样做，不仅能提升学科化服务的工作质量，同时也能促进读者服务工作的整体质量和工作效率的提升。

## 第十节　结　语

综上所述，随着学科化服务工作的被关注度日益提高，学科化服务工作越来越任重道远，这对于提升高校图书馆的服务能力、重塑高校图书馆的服务形象具有深远的意义。高校图书馆的学科化服务工作要坚持以用户为中心，加强高校图书馆自身建设，打造素质过硬的"学科馆员"队伍。要注重对院系师生文献信息需求的调研工作，在此基础上开展有针对性的资源推送服务和旨在提高院系师生"信息素质"的培训课程的设置。虽然高校图书馆的学科化服务工作已经取得了一定的成绩，但在今后的工作中仍有很大的改进和提高的空间，需要我们在工作实践中不断总结，突破学科化服务工作的瓶颈，真正融入教学和科研，成为高校教学科研工作不可或缺的组成部分。

# 第四章　知识经济时代的图书馆工作

自 21 世纪开始，人类引入了一个全新的知识经济时代，知识经济已成为一个全球性的趋势。知识经济从经济发展和社会进步的角度，揭示了知识在现代社会中的决定性作用，进而将图书馆作为新的经济增长点加以重视与支持。总部设在巴黎的、以发达国家为主要成员国的"经济合作与发展组织"（OECD）于1996 年发布了题为《以知识为基础的经济》的报告，首次正式使用了"知识经济"（Knowledge-based Economy）这个新概念，它把"知识经济"定义为："建立在知识和信息的生产、分配和使用之上的经济"。[①] 所谓知识经济，它包括人类发明和发现的所有知识——科学技术、管理科学、行为科学的知识。知识经济与工业经济、农业经济的最大不同，就在于知识经济的生产要素，是从有形资产向无形资产的转变。知识是经济发展最宝贵的资源和最重要的资本，知识的积累、利用、扩散、传播和创造成为了

---

① 齐雪洁：《知识经济时代：图书馆人的观念、素质和服务》，《河北建筑科技学院学报（社科版）》2000 年第 2 期，第 17—19 页。

提高生产力和实现经济增长的内在核心要素。知识经济的重要特征是，它以知识和信息作为主要生产要素，并且较少依赖自然资源。因此，知识经济也被称作"智能经济"或"信息经济"。

知识经济、全球化和可持续发展是当今世界发展的三大主题，围绕着这些主题，图书馆作为文献信息的交流中心，对信息的采集、传播和控制发挥着举足轻重的作用，不断发展和逐渐普及的国际互联网正是顺应了社会信息化和网络化的潮流。在知识经济中，经济增长依靠的是科学技术的创新，尤其是以信息产业为代表的高科技的创新。而科学方法的创新又导致了科学技术的革命性变革，它推动了经济的快速增长和人类文明的进步。在知识经济时代，信息资源将成为社会发展的重要资源。随着经济的发展和科学的进步，知识经济蓬勃兴起，显示出知识和信息在经济发展和社会进步中的重要作用，为图书馆的发展提供了前所未有的机遇。图书馆作为文献信息采集、传播、交流的中心，是科学、教育和文化事业的重要组成部分，并且与知识经济紧密地联系在一起，具有促进知识创新和知识应用的重要作用，深刻地影响着人们的经济、文化生活与科学研究，图书馆将在知识经济时代发挥其无可替代的巨大作用。知识经济的兴起，对图书馆提出了更新、更高的时代要求，图书馆事业要发展，就必须抓住机遇，积极创新。只有牢固树立创新意识，不断发扬创新精神，在创新中寻找出路，在创新中谋求发展，才能顺应社会与经济的发展需求，为图书馆事业带来新的繁荣和发展。

## 第一节 更新观念，适应知识经济时代的要求

知识经济的到来，使传统图书馆的管理体制、运行机制、基础设施等方面，受到了前所未有的巨大冲击，信息化变革又使传统的图书馆面临严峻的挑战。

长期以来，大部分图书馆的服务方式陈旧、专业技术落后，在很大程度上停留在以自我为中心、封闭式、坐等读者上门的被动状态。图书馆的建设以文献编目为主要的基础业务，以流通、阅览为主要服务模式。由于缺乏对图书馆必要的经费投入，导致图书馆没有充足的经费，无法购买各种类型的出版物和必需的现代化技术设备，难以为读者提供全方位的服务。还有部分图书馆，观念落后，不重视人员的培养与引进，工作人员的素质偏低，无法适应新形势的需要。

这一切，迫使图书馆必须打破原有的封闭型图书馆的旧管理观念，树立起开放型图书馆的新管理观念，树立起崭新的知识价值观念、人力资源观念。图书馆要加强对知识价值作用的认识，树立知识就是财富的观念，以知识的巨大潜能促进服务目标的完成。作为知识经济时代的图书馆，必须是开放型的图书馆，各个图书馆的文献信息资源应向全地区、全国和全世界的用户开放。全球各类型图书馆的文献信息资源也应从现有的"各自为政"，逐渐转变为共知、共建和共享。全球的知识和信息是无国界的，其管理思想也应立足于全局，统筹规划，建立和制定适应时代特点的管理模式，以便对图书馆进行科学的管理，将图书馆管理提高到一个新的层次。

在知识经济时代，知识的生产、传播和使用，将成为决定社会发展速度的重要因素。而知识的本质就是信息，信息的收集、整理、开发、管理，是当前和未来图书馆工作的主要内容。工作内容的巨大变化，必然对工作人员提出更高、更多的要求，进而带来图书馆事业的伟大变革。数字化图书馆和虚拟图书馆的出现是历史的必然，其工作对象和组织模式与传统图书馆有所不同，图书馆不得不面临着办馆模式、工作任务、服务方式等多方面的转变。①

## 一　适应知识和信息存储的数字化要求，树立数字化服务观念

传统图书馆主要是以对书刊文献进行采编、加工、保存和借阅为主要工作内容，是以保证分编准确、典藏到位和方便借阅为最终目的。近年来，针对信息资源的开发，已成为图书馆的一个重要服务观念和工作内容，各馆在继承传统图书馆工作理念的基础上，更注重对书刊文献中的信息及其他各种媒介中的信息进行开发、组织以提供给读者利用，这就促使图书馆从图书、期刊、报纸等纸质文献资料的收藏者逐渐转变为文献信息的开发者。这种服务理念虽然适应了知识经济时代对图书馆的要求，但距知识经济发展的要求还有很大差距。因此，需要加快图书馆文献信息

---

① 李英英、薛彩平：《知识经济与图书馆的作用》，《科技情报开发与经济》2003年第9期，第79—80页。

的数字化建设，以便早日实现从图书、报刊形式的传统馆藏向数字式馆藏的转变；早日实现从生产书目资源向生产增值的多媒体信息资源的转变。

数字图书馆是传统图书馆实现管理现代化与服务现代化的必由之路，馆藏特色资源数字化，是数字图书馆信息资源建设的重要组成部分，数字图书馆只有具备丰富的数字化资源，才能保证数字图书馆各项职能的顺利实现。图书馆只有具备了特色数字资源，才能构成数字图书馆的特色馆藏，才有可能最大限度地实现信息资源的共享。要加快数字图书馆的建设，首先必须加快文献信息资源数字化的基础工作，建立具有本馆特色的数据库。

## 二　适应知识和信息获取的直接化要求，树立网络化服务的观念

传统图书馆是等着读者到馆，再为到馆读者提供服务，在图书馆门外的读者就无法享受到相关服务。这在很大程度上阻碍了读者充分地使用图书馆，使丰富、宝贵的文献信息资源白白浪费。随着国际互联网的迅速普及，人们可以不去图书馆，在自己的家中或者在办公室，就可直接获得图书馆所提供的文献信息服务。而这一目标的实现，就要求我们图书馆员要树立起网络化服务观念，依靠充足和稳定可靠的文献信息资源，利用现代化的技术手段，发挥自身优势，调整服务工作的重点，开展有图书馆特色的信息服务：要从以馆藏为中心转变为以用户为中心；要从为到馆读者服务转变为全地区、全国乃至全球读者提供的服务。我们要加速图书馆计算机局域网的建设，并与国际互联网相连接，

为读者在自己的上网计算机上获取省内外、国内外的信息资源提供便利条件。与此同时，还要大力开发本馆的文献信息资源，并使其上网，通过网络为读者随时、随地提供超越时空的服务，实现从间接的图书馆借阅到网络的直接浏览；从受时间、文献数量限制的图书馆服务到实时通信、实量访问的虚拟图书馆服务的转变。

# 第二节　改变管理方法和管理手段

### 一　服务创新是图书馆创新和发展的核心与归宿

在知识经济时代，一个国家国民素质的高低、掌握知识的程度、拥有人才的数量、吸取信息的能力、将成为决定一个国家或一个民族在国际竞争和世界格局中的地位的关键因素。

图书馆具有提供深层次、多样化文献信息服务的能力和优势。以往图书馆的服务只是单纯提供书本知识。在知识经济时代，图书馆应该把服务的重心放在对知识的挖掘、整合与揭示上，促进知识的生产与传播，使之创造出新的知识并付诸新的用途，进而使之成为我国国民教育的重要阵地。

电子出版物等数字化图书的出现，丰富了图书馆的藏书类型，也由此改变了图书馆传统的服务方式和运作模式。图书馆要求生存、谋发展，就需要在树立创新服务理念的基础上，大力开展服务创新活动。图书馆的技术创新，是提高图书馆运行效率和质量的重要因素。进入21世纪，网络图书馆、数字图书馆、虚拟图书馆等各种形式的图书馆应运而生。随着信息环境的变化，人们对图书馆的需求，也开始呈现出多样性和层次性的变化，促使图书馆服务也发生了相应的转变。比如：服务中心的转变——从以藏书为中心向以读者为中心转变；服务对象的转变——从图书馆读者向社会各行业用户的转变；服务范围的转变——从图书馆服务向资源共享服务的转变；服务内容的转变——从传统馆藏提供向电子信息资源存取的拓展；服务重点的转变——从一般借阅咨询服务向电子网络信息咨询服务的转变；服务功能的转变——从单纯的文献传递服务向多元化的信息服务转变；图书馆对读者和用户教育的转变——从图书馆使用教育向信息知识能力教育的发展，等等。图书馆应努力为读者提供深层次、全方位、多样化的新型服务。深层次服务是指，图书馆向用户所提供的信息，不再只是简单的罗列，而是采用现代信息技术，对大量的文献信息资源进行深层次的加工和研究，提供适应读者需求和使用的文献信息。全方位服务是指，图书馆能够向读者提供系统全面的信息服务，使无序的知识信息有序化，使沉寂的知识得以激活，甚至在网络上跨越时空，在更广阔的读者群中加以传播，进而成为读者获取知识的不可缺少的主要场所。多样化服务是指，图书馆向读者提供适应各层次读者、满足多种需求的信息服务，既为学术科研服务，也为普通的文化教育服务，还能够提供休闲娱乐等服务内容。

## 二　图书馆员服务角色的创新

在知识经济时代，图书馆员要改变单纯的图书管理员形象，成为具备现代信息技术的"知识导航员"，要将工作重心转移到加强对二、三次文献的开发上，要加强对馆藏文献和网络信息的收集整理、系统加工，加强特色数据库、专题数据库的建设等创新性知识产品的生产上。传统图书馆多以收藏和提供印刷型文献为主，伴随着现代信息技术的发展和网络环境的逐步形成，文献载体已经由传统的印刷型发展为印刷型、视听型、机读型、光盘型和网络型等多种形式，信息资源结构也发生了改变，包括传统的图书文献资源、电子出版物和网络信息资源，等等。国际互联网上的丰富多彩的信息资源，为图书馆的优质服务提供了坚实有利的信息保障。图书馆可以将这些纷繁无序的信息，运用现代化的技术手段进行收集、分类、筛选、加工，以满足众多用户的各种需求。图书馆员作为信息的组织者、管理者和提供者，要想做到有效地组织和提供各个学科领域的知识信息，就必须掌握和了解相关学科的发展现状，必须具备较完善的知识结构——具有图书馆学、情报信息学等专业知识，具有较全面的多学科综合知识，具有较高的外语水平，能够阅读互联网上的相关信息，并对外文资料能够加以开发使用。

特别需要指出的是，网络信息技术的发展使图书馆工作发生巨大变化，人机结合已经是 21 世纪图书馆工作的基本形式。图书馆员可以通过计算机网络为读者提供服务。因此，熟练掌握现代信息技术是 21 世纪图书馆员的基本技能——包括计算机技术、多媒体技术、数字化技术等等；具体来讲，必须熟练掌握光盘复制、视听、缩微、电传等现代操作技术。

总之，面对知识经济的挑战，要成为一个合格的图书馆员，就必须注重培养自己的综合素质，具有与时俱进的创新观念，要不断学习新知识，开拓思路，创新服务，以适应新形势的需要。

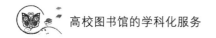

只有这样，才能更好地为读者提供高效优质的信息技术服务。①

## 第三节　结语

知识经济时代是知识创新的时代。图书馆一方面面临着知识经济的严峻挑战，另一方面也给图书馆界的自我发展与建设带来难得的机遇。我们要抓住机遇、迎接挑战，发展自我，不断探索适应知识经济的新方法和新手段，要强化信息服务，提高服务水平和服务质量，大力发展图书馆事业，充分发挥图书馆的作用，为中国的经济繁荣和社会进步做出更大贡献。

---

①　冯泽英、张怀绥：《知识经济与图书馆管理》，《四川师范学院学报（哲学社会科学版）》2000 年第 5 期，第 97—99 页。

# 第五章　西藏自治区高校图书馆在网络环境下的功能定位

　　计算机技术、网络信息技术的快速发展及其在图书馆的广泛应用，为图书馆带来了良好的网络环境，使图书馆的功能发生了很大的变化和提升，服务模式也开始呈现多样化、数字化、网络化的特点。

　　西藏自治区高校图书馆事业起步较晚，基础薄弱，加上西藏自治区社会经济发展和地理条件的局限，发展较为缓慢。高校图书馆在新的历史条件下，其功能不仅是为本校教学和科研服务，还担负着为本地区经济建设、社会发展服务和保护与传承地方文化的重任。科技的进步和现代信息技术的发展，为西藏自治区的社会发展和经济繁荣创造了良好条件，也为西藏自治区高校图书馆的发展提供了前所未有的宝贵机遇，赋予了西藏自治区高校图书馆更为广阔的发展空间。

　　所谓网络环境，是指在计算机等现代化通信技术基础上构建起来的宽带、高速、综合、广域型数字式电信网络。[①] 在网络环

---

　　① 孙亚静：《网络环境下高校图书馆的走向》，《江苏图书馆学报》2001年第5期，第43—44页。

境下，高校图书馆的功能不但不会被削弱，还会随着网络信息技术的发展和服务的深化得到不断的加强，在网络环境下，如何对高校图书馆的功能进行重新定位，使高校图书馆突破时空界限，使其最大限度地发挥功能，这是值得我们深思的重要课题。

## 第一节　强化网络环境下的文献保障功能

高校图书馆作为高校的文献信息中心，其重要功能之一就是满足教学与科研工作的文献需求。计算机网络技术的引进，加速了文献资源管理自动化进程。

西藏自治区高校图书馆要尽快适应网络环境下的工作内容和服务形式的转换，及时调整服务理念和创新服务模式，改变传统的"大而全""小而全"的馆藏资源建设观念，根据学校的教学工作、科研工作以及学科发展的需要，制定科学的资源建设规划，突出学科专业特色，创建科学合理的文献信息资源保障体系。目前，西藏自治区高校图书馆多为传统纸质文献与网络数字资源并存的状态，基本是以传统纸质文献为主要馆藏，网络数字资源由于刚起步，资源缺乏严重。因此要注重网络数字资源建设，充实和丰富西藏自治区高校图书馆的数字文献资源，使文献结构更加完善，充分发挥西藏自治区高校文献信息中心的作用。

### 一　更新馆藏理念，做好网络文献资源建设工作

西藏自治区高校图书馆的文献资源建设多以纸质文献为主要收藏对象，随着文献载体形态的日益丰富，也开始增加了对磁盘、光盘等电子文献的收藏，但这些文献载体都是有形的，是以实体的形态存在的，占用了大量的馆舍空间。在网络环境下，文献资源建设应有重点地向网络信息资源转移，网络信息资源凭借其最大的优点——信息量大，易于存储和检索，可以为西藏自治区高校图书馆节省大量的馆舍空间，在很大程度上改善和缓解了传统式图书馆的馆藏资源贫乏和馆舍空间不足的状况，提高了文献的利用率和保障率。

伴随国内和国际学术界的藏学热，西藏自治区高校图书馆的网络资源建设亟待加强，在载体形态上要转变文献建设理念，不应局限于纸质文献的收藏，应加大网络资源的建设规模，实现馆藏资源载体的多元化。网络资源在内容和形式上，都将极大的充实和完善藏学文献资源建设的结构体系，使丰富多彩的藏族文化以多元化的形式展现在读者面前。

目前，大部分西藏自治区高校图书馆的网络资源还十分贫乏，网络文献建设工作亟须加强，有少数高校图书馆已经开展了馆藏资源建设的改革，网络资源建设已初具规模。

例如：西藏大学图书馆现有各类图书 65 万册，期刊 1000 余种；电子资源包括 CNKI 博硕学位论文、学术期刊、重要会议、重要报纸全文，Apabi 电子图书，维普生物医学数据库，国外捐

赠的 50 余个数据库等资源。① 西藏民族大学图书馆馆藏文献总量 150 万册，其中纸质图书 100 余万册，中文电子图书 49 万余册，学位论文 147 余万篇，各种数据库 20 多种②。西藏藏医学院图书馆的藏书量为 41886 册（其中藏医专业类 7000 册、汉文类 4000 册），电子阅览资料 40 多万册。由此可见，西藏大学和西藏民族大学的图书馆的这些网络数字资源，也为其他民族地区高校图书馆的文献建设工作起到了一定示范和带头作用。

**二　突出本馆特色，开发特色文献资源**

受经费、馆舍等因素的影响，西藏自治区高校图书馆应根据本校的办学特色和学科专业设置情况，有计划、有重点地进行特色馆藏资源建设，建立特色文献资源保障体系，系统收集网络资源、电子资源、数字资源，创建特色文献数据库，逐步形成本馆的特色馆藏。西藏自治区高校图书馆已经开始注重西藏自治区的历史变迁和藏族文化等方面的文献收集工作。

例如：西藏大学图书馆收藏有藏学类图书 8 万余册（函），其中藏文木刻本 3800 函，有《丹珠尔》《甘珠尔》木刻本、松敦·也协松《后宇妥传》手抄孤本和成书于 13 世纪的第司·桑杰嘉措《医学概论》手抄古本等珍贵的古籍。西藏藏医学院图书馆将传统藏医药学、天文历算等典籍资料作为收藏重点，突出藏医药学特色，收藏有藏医学、天文历算等方面的藏学图

---

① 《西藏大学图书馆简介》，http：//www. utibet. edu. cn/news/article_ 34_ 47_ 71. html。
② 《西藏民族大学图书馆简介》，http：//lib. xzmy. edu. cn/webs/show/notice/718/88. html。

书 2 万余册，有珍贵的《大藏经》及 41000 多卷传统藏医药典籍与近百幅传统藏医药彩色唐卡挂图。① 西藏民族大学图书馆以藏学文献为特色收藏对象，致力于打造藏学文献服务特色，设有藏学资料中心，创建"藏学专题数据库"，自主研发"藏文图书管理和检索系统"，将该馆收藏的藏文图书进行数字化处理，使藏文藏学图书文献得以有效利用。所以，特色文献资源建设突出了各馆的文献收藏特色，将大量的特色文献进行数字化处理，形成便于查阅的数字资源，便于与西藏自治区内的其他各高校图书馆形成资源的互补和共享，为藏学研究工作提供更大的便利。

### 三　利用文献编目技术，做好文献数据著录工作

目前，西藏自治区高校图书馆普遍依据《中国图书分类法》，对馆藏文献进行分类、编目，加以收藏和服务，但是，有部分高校图书馆至今仍未采用 MARC 技术对本馆的文献进行加工处理，致使文献的科学化管理和读者服务工作受到很大的制约。先进的网络技术和良好的网络环境，为西藏自治区高校图书馆的文献编目工作的规范化与合作共享、建立西藏自治区高校图书馆文献编目联盟创造了技术条件，加入联盟的成员馆能够共享其他成员馆的文献编目信息，借鉴和学习其他馆的先进经验和技术，提升本馆的编目工作质量，从而改善西藏自治区高校图书馆管理和服务

---

① 岳凤芝：《浅谈西藏高校藏学文献资源的科学管理与有效开发》，《图书馆论坛》2011 年第 8 期，第 152—154 页。

落后的局面，同时还能避免文献资源的重复建设，实现编目数据信息共享，发挥高校图书馆强大的文献资源保障功能。此外，西藏自治区高校图书馆应在中文文献编目工作的基础上，总结经验，进一步开发藏文文种的文献编目系统，做好藏文文献的书目控制工作，使宝贵的藏文文献信息得以完整的揭示和很好的使用。

1997 年 10 月，全国图书馆联合编目中心成立，不但提高了各高校图书馆的编目工作质量，而且避免了书目数据资源的重复建设，实现了书目数据资源的共建共享①，取得了很好的效果。这很值得西藏自治区高校图书馆的学习和借鉴。

## 四 实现文献资源的共建共享，避免重复建设

长期以来，西藏自治区高校图书馆管理分散、各自为政，缺乏联系和交流，文献资源仅限于各自馆收藏，服务对象只是各自学校的师生和职工，不利于文献信息资源的宏观管理和服务质量的提高，使西藏自治区高校图书馆的服务能力和功能发挥受到很大地限制。随着计算机网络技术的发展，以及图书馆自动化集成系统的推广使用，西藏自治区高校图书馆间的合作开始成为可能，为组建西藏自治区高校图书馆间的文献共享体系提供了技术条件——将各图书馆有限的资源纳入共享系统，制定科学的管理制度，使有限的资源得到科学的管理和使用，从而避免重复建设所带来的人力和财力的浪费，最大限度的发挥高校图书馆的文献

---

① 《全国联合编目中心》，http：//olcc. nlc. gov. cn/about-zxjj. html。

功能。CALIS（中国高等教育文献保障系统）的成功建设，为全国高校之间的文献共建和共享搭建了良好的平台，更为西藏自治区高校图书馆提供了学习管理方法和免费使用资源的便利条件。2011 年，在教育部等部门的支持和帮助下，先后成立了"CALIS 西藏自治区文献信息服务中心"和"教育部 CADAL 服务中心西藏分中心"，无偿为西藏自治区高校图书馆提供资源服务，为全区各高校图书馆间的文献资源共建和共享体系建设创造了有利条件和学习范例，为西藏自治区高校的文献信息服务提供了有力的保障。

## 第二节　利用网络技术，强化文献服务功能

文献的收藏是为了使用，是为了满足用户的文献需求，从而体现和发挥文献的价值和作用。传统图书馆"重藏轻用"的馆藏理念和"坐等读者"的服务模式已不能适应信息时代的发展要求和读者的文献需求，图书馆要及时更新服务理念，变被动服务为主动服务，充分挖掘图书馆的资源潜力和服务潜力，让服务走出图书馆、走近读者，主动向读者宣传推广图书馆的服务，并逐步做大、做强，在服务中努力彰显图书馆强大的文献服务功能。在网络环境下，图书馆的文献资源从纸质文献向网络信息转移，文献资源中的数字资源、电子资源、网络资源占有比例逐渐增大，这部分资源要在计算机技术、网络技术等现代信息技术的支撑下才能获得和使用，使得"数字图书馆""虚拟图书馆""电子阅览室"等新兴的称谓和崭新的服务模式应运而生，出现了打破时

空界线的"无墙图书馆",可为读者提供全天候不间断的服务。读者能够足不出户登陆图书馆的网站,使用图书馆的文献信息资源。可见,网络技术的应用使图书馆的文献服务功能得到极大的强化。

## 一　为高校的学科建设服务

学科建设是高校办学特色和办学实力的重要标志和外在体现。西藏自治区部分高校图书馆,如西藏大学图书馆、西藏民族大学图书馆和西藏藏医学院图书馆等,根据本校的专业设置和学科建设的实际需要,积极开展学科化服务工作,有力地支持了教学和科研工作,加强了学科化、知识化、个性化的知识服务,将被动的、局限于本馆馆藏资源的服务方式,转变为能够融入教学和科研工作之中的主动型、知识型、学科型服务模式——如定题服务、课题跟踪、代查代检、科技查新、文献传递等服务,从而在根本上改变传统服务模式,实现高校图书馆学科化服务的功能定位。

目前,西藏自治区高校图书馆所提供的知识服务,在深层次情报服务与学科专业知识服务方面的能力,远远不能满足高校师生深层次的科研信息需求,缺乏一个服务技术先进、文献保障充分、制度成熟健全的知识服务体系。在中国国内高校中,学科化服务工作开展较好的是清华大学图书馆、上海交通大学图书馆和西安交通大学图书馆等高校图书馆,值得西藏自治区高校图书馆学习和借鉴。此外,还有中国科学院国家科学图书馆学科咨询部开展的学科咨询工作和情报部开展的态势分析情报工作;北京理工大学建立的能源研究中心，较系统完整地拥有该学科领域信息最大化的知识库。这种基于学科研究支持的知识服务和基于领域研究支持的情报服务，是国内高校图书馆中较为前沿的知识服务形式。① 这对于西藏自治区高校图书馆开展学科化服务工作有着很好的启发意义，也是西藏自治区高校图书馆学科化服务工作的努力方向和奋斗目标。

### 二　利用网络技术，组织整合共享资源

2011 年 5 月，文化部、财政部联合实施数字图书馆推广工程，建设覆盖全社会的数字图书馆服务体系已成为可能。推广工程的总体目标是：要在国家数字图书馆工程和各地数字图书馆建设已有成果上，将各馆和各地已经建成的数字图书馆系统连接起来，搭建一个高度共享的统一平台，逐步形成以国家数字图书馆为中心，以省、市、县级图书馆为节点，覆盖全国的数字图书馆服务体系，向公众提供个性化、多样化、全媒体数字图书馆服务，最大限度地发挥数字图书馆在经济社会发展中的作用，为提升全民族文明素质，建设学习型社会做出贡献。② 目前，国内有些地区已成功组建地区性的资源共享体系，将本地区各高校图书馆的信息加以整合重组，实现了资源的共建和共享。

---

① 徐长柱、张胜军：《高校图书馆功能定位与知识服务探究》，《科技情报开发与经济》2011 年第 17 期，第 13—16 页。

② 马静：《数字图书馆推广工程促进西藏民族文化传播》，http://www.tibet.cn/newzt/yuanzang/yzcg/201208/t20120807_ 1766182.htm。

例如：北京高校图书馆数字文献中心——北京高校网络图书馆，是北京市教育局组织实施的北京地区高校文献信息资源共建、共享体系建设项目，该项目发挥北京地区高校图书馆丰富的馆藏资源优势，与"'211工程'高等教育文献保障系统"互为补充，为北京地区高校的教学科研的文献需求提供了强大的保障。上海教育网络图书馆，是由上海市教委组织实施的开发项目，该馆的建成使上海市各高校的文献信息资源的共享得到真正的体现。

这些成功范例，都为西藏自治区高校图书馆间创建资源共建和共享联盟，开展深层次的文献信息服务，提供了成功的范例。西藏民族大学图书馆的文献传递工作虽然刚刚起步，但是在"中国知网"（CNKI）"维普中文科技期刊数据库""万方医学""北大法意""CALIS西藏自治区文献信息服务中心""开世览文"（CASHL）"VPN服务资源"等共享资源数据库的强有力支持下，在很大程度上弥补了馆藏资源的不足，已呈现出很强的服务能力，其所拥有的丰富的共享资源和文献传递等先进的服务方式，极大地提升了服务质量，最大限度地满足了读者的文献需求。

## 三　利用互联网技术，建立信息服务网站，扩大服务范围

西藏自治区高校图书馆之间缺乏联系与交流的现状，严重地阻碍着西藏自治区高校图书馆事业的发展。

我们应该利用网络技术，将服务网站作为西藏自治区高校图书馆开展服务与宣传的重要窗口，在西藏自治区高校图书馆之间

建立统一的数字图书馆服务系统，由各馆派出业务能力较强的馆员担任咨询服务工作，在做好本馆用户咨询服务工作的同时，还应通过网络协助其他馆共同做好用户的咨询服务工作，从而形成全自治区"联合作战"的新格局。

例如：应建立西藏自治区高校图书馆文献服务系统和交流平台，协调合作，形成一个标准化、系统化、开放型的信息网络，实现资源共享，使各馆的文献资源能够通过文献检索系统进行检索和使用。"CALIS 西藏自治区文献信息服务中心"和"教育部 CADAL 服务中心西藏分中心"的成立，为西藏自治区高校图书馆的信息服务工作提供了强大的资源保障，为建立西藏自治区高校图书馆间的文献资源共享系统和服务联盟创造了有利条件。

## 第三节　利用网络资源优势，发挥社会化服务功能

随着社会的进步和人们对信息需求的增加，高校图书馆在做好服务校内用户的前提下，发挥资源优势和技术优势，面向社会提供文献信息服务，已成为高校图书馆发展的必然趋势。高校图书馆服务社会化，就是顺应时代和社会的需求，广泛接纳社会读者群体，为他们提供文献服务和参考咨询服务。社会化服务的形式多样，服务内容广泛，主要表现在向社会传播科学知识、提供文献利用的场所和方法、提供交流互动平台等方面。在国外，大学图书馆十分重视社会化功能的价值，如英国和澳大利亚的大学图书馆都是向公众开放的，市民可以随便进入大学图书馆查阅资

料。英国大学图书馆里大约有 5% 的读者是普通市民。由此可以看出高校图书馆向社会开放的重要性。①

西藏自治区高校图书馆面向社会开放，对于藏族同胞有着非同寻常的重要意义。通过传授科学知识，可使藏族同胞掌握勤劳致富的技术和专长；可使藏族同胞加深了解西藏自治区辉煌灿烂的历史和今天来之不易的幸福生活，认识社会的进步和经济的发展，从而激发团结友爱、健康向上的情感，树立正确的人生观、价值观、祖国观。为促进民族团结、维护国家统一、营造崇尚知识的社会氛围，为促进西藏社会、经济的稳定发展，发挥西藏自治区高校图书馆应有的作用。

## 一 发挥普及科学知识、传播文化信息的功能

面向社会，普及科学知识和传播文化信息，是高校图书馆社会化的主要功能之一。《公共图书馆宣言》指出：公共图书馆对于教育、文化和信息是一支有生力量，并且是通过人类的智慧培育和平与精神文明的重要部门。② 随着市场经济和信息技术的发展，西藏自治区高校图书馆社会化功能的发挥显得日益迫切和重要，要逐渐改变"以藏为主""重藏轻用"的陈旧观念，取而代之为"藏以致用"的馆藏理念。市场经济为勤劳智慧的藏族同胞打开了富裕之门，极大地激发了人们的学习热情。西藏自治区高

---

① 魏治国：《高校图书馆社会化服务的新契机》，《情报资料工作》2007 年第 4 期，第 92—94 页。

② 廖球：《社区图书馆如何参与社区文化建议》，《图书馆学刊》2009 年第 3 期，第 28—30 页。

校图书馆社会化服务的对象是广大的藏族同胞。应发挥文献资源优势和技术优势，将丰富的文献资源呈现在他们面前，满足他们对科学知识的渴望，帮助他们掌握勤劳致富的科学知识。这对促进社会主义精神文明建设和物质文明建设，对构建和谐西藏、提升藏族同胞素质具有重要的意义。

## 二　发挥文献服务功能

面向社会的文献服务功能，主要体现两个方面。第一，文献使用功能。西藏自治区高校图书馆应主动向社会用户提供优雅的学习环境，开放馆藏文献资源，供人们查阅，满足当地用户的文化学习和阅读娱乐需要。第二，文献查询功能。主要指帮助和指导社会读者群有效地使用馆内的设施和资源。针对一些文献获取难度大、专业性强的学术研究型用户的特殊需求，可以组织"学科馆员"围绕其专业研究的实际情况，开展研究专业领域和相关领域的资料收集工作，满足其文献需求，协助其了解该领域的研究现状和研究热点，必要时还可为其撰写该领域的文献综述。文献使用功能与文献查询功能不同，前者的服务目标是开放馆藏文献资源，供用户查阅、学习之用；后者的服务目标是图书馆利用科技和资源优势，为社会用户提供深层次的知识和情报服务。

西藏自治区政府十分重视图书馆的建设和发展，2012 年 8 月 6 日，数字图书馆推广工程西藏自治区培训班开班，国家图书馆向西藏自治区图书馆赠送了丰富的数字资源——包括 5000 余种电子书、200 种电子期刊、藏语视频 2500 分钟、百余场讲座和展览以及政治、经济、外贸、少儿等方面的专业数据库等，并为西藏自治区高校图书馆的数字化建设和资源共享的早日实现培养了优秀的专业人才。①

### 三　结合西藏实际，帮助和配合地方部门做好文献服务工作

西藏自治区高校图书馆不仅要做好周边群众的文献服务工作，更要重视广大藏族农牧民的文化需求。应加大服务的力度和辐射范围，为广大藏族农牧民送去知识服务，以弥补公共图书馆力量薄弱、西藏地广人稀和交通不便所带来的图书馆服务不到位的不足。

西藏自治区新闻出版局根据国家新闻出版总署、中央文明办、财政部等八部委颁发的《关于印发〈农家书屋工程实施意见〉的通知》和《关于做好农家书屋工程规划编制工作的通知》的精神，编制了《西藏自治区农家书屋工程规划》，并于2007年启动农家书屋工程，真正解决藏族农牧民"买书难、看书难"的问题，进一步提升了农牧区公共文化服务水平。② 2012年，已经实现了5451个行政村的农家书屋建设目标③，极大的满足了藏族农牧民的文化需求。随着网络技术的发展，利用卫星数字技术将多媒体文件、电子图书、杂志、报纸、音像等内容以数字方式投

① 马静：《数字图书馆推广工程促进西藏民族文化传播》，http：//info. tibet. cn/news/index/xzyw/201208/t20120806_ 1766165. htm。

② 次旦卓嘎：《西藏"十一五"每年660农家书屋》，http：//www. chinaxwcb. com/xwcbpaper/html/2007－11/06/content_ 15348. htm。

③《西藏寺庙书屋建设提前圆满收官》，http：//www. chinanews. com/tp/2012/04－25/3846082. shtml。

递到农家书屋中，内容丰富，更新速度快，阅读方便，弥补了因地区偏远和高原难至造成的农家书屋书报配送成本高、内容少、更新速度慢、资讯时效性差的不足。① 在国家和西藏自治区高度重视和积极部署下，在西藏自治区藏族农牧民学习兴趣高涨的形势下，西藏自治区高校图书馆应积极投入到为藏族农牧民服务的工作之中，发挥图书专业技术优势，为农牧区的和谐发展与经济繁荣，作出应有的贡献。

西藏自治区图书馆的流动图书车（照片提供马增刚）

---

① 刘潇：《西藏将试点建设卫星数字农家书屋》，http://xz.people.com.cn/n/2012/1109/c138901 - 17698123.html。

西藏自治区图书馆一角（照片提供李皎琳）

## 四　面向寺院僧众，积极开展文献信息服务工作

西藏自治区是世界闻名的佛教圣地，20 世纪 50 年代末的调查数据显示，西藏自治区有大小寺庙 2600 余座①，有大昭寺、甘丹寺、哲蚌寺、色拉寺、扎什伦布寺等著名的寺院，拥有众多的僧侣。西藏自治区政府十分重视寺院僧众的文化生活，2007年 3 月 29 日，西藏自治区首家寺庙"图书阅览室"在哲蚌寺建立，从 2007 年到 2010 年，西藏自治区先后在哲蚌寺、色拉寺、热振寺、楚布寺和聂塘寺试点建立了 5 个寺庙书屋，2012

---

① 唐召明：《西藏藏传佛教寺庙文物集粹》，http：//www.tibet.cn/periodical/zgxz/2000/01/200504/t20050413_ 23649. html。

年完成了全区 1700 多个寺庙书屋的建设。<sup>①</sup>寺庙书屋的建设，在很大程度上缓解和改善了广大僧众图书、报刊资源缺乏的状况，受到了广大僧侣们的热烈欢迎。西藏自治区高校图书馆应重视僧侣们的文化需要，将文献服务工作与僧侣这一特殊读者群体紧密联系，为寺院提供专业文献服务和专业技术支持，帮助寺院创办图书室，培训图书管理人员等，使寺庙书屋得到科学的管理和使用，为广大僧侣学习文化知识和佛学知识、了解社会提供良好的学习条件，这对佛教的正确发展和社会的和谐稳定有着积极的社会意义。

## 第四节　利用网络技术优势，大力发挥保护和传承西藏文化遗产的功能

保护和传承人类文化遗产是图书馆的重要功能之一。文化遗产的内容和形式复杂多样，给图书馆的收集、保存工作带来了很大难度。网络信息技术在图书馆的广泛应用，可以给图书馆收集、保存文化遗产提供专业技术支持，为图书馆保护和传承文化遗产带来新的生机，使以往无法做到的收集、保存工作得以顺利实施，能够更好地保护和传承宝贵的文化遗产。对于一些非物质文化遗产（无法通过文字加以记录和保存），可以通过录音、摄像等音像技术将其完整的记录、保存下来，并永

---

① 《西藏寺庙书屋建设提前圆满收官》，http://www.chinanews.com/tp/2012/04-25/3846082.shtml。

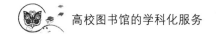

远流传下去。

藏族同胞是有着悠久历史的民族，他们勤劳智慧，创造了灿烂的文化，为人类留下了许多宝贵的文化遗产，西藏自治区高校图书馆应发挥保护和传承人类文化遗产的功能，承担起保护和传承藏族文化遗产的神圣职责，让藏族同胞的子孙后代乃至全世界都能领略到它们的神奇魅力。

### 一 发挥文献收集功能，做好藏文古籍的保护和收藏工作

藏文古籍是藏族文化的真实体现，其流传久远，卷帙浩繁，是留给后人的宝贵财富，对于了解、研究藏族同胞悠久的历史，有着重要的学术价值和历史意义。西藏自治区高校图书馆应发挥网络技术优势，做好藏文古籍的保护和收藏工作。西藏自治区政府十分重视藏文古籍的普查保护工作，于 2007 年 4 月成立了"西藏古籍保护工作领导小组"，开展普查保护工作，并取得了丰硕成果。

例如：《雪域宝典——西藏自治区第一、二、三批国家珍贵古籍名录藏汉对照图录》《直贡噶举大法库文集目录》等藏文古籍的保护已完成。西藏自治区高校图书馆的古籍保护工作也取得了丰硕成果。西藏大学典藏室研究员西热桑布发掘整理的珍贵文物《菩日文献》，内容大致分为宗教和世俗两部分，其学术研究价值可与《敦煌遗书》媲美，填补了贡堂地区（中尼边境）古籍文献资料的空白，为研究西藏宗教和文化的起源变化与发展历史提供了原始的实物佐证，2007 年被西藏大学图书馆作为"镇

馆之宝"加以收藏。①。目前，西藏自治区共有 36 部珍贵古籍先后入选中国国家珍贵古籍名录。②

将计算机技术、数字技术等现代信息技术运用到古籍保护工作之中，可以使大量的古籍摆脱由于得不到科学有效地收藏保存而面临逐渐破损和消失的危险处境。这些宝贵的佛教典籍经过数字化技术处理，可以形成易于存储的数字文献，减少了因翻阅造成的损害，使珍贵的佛教典籍得到了很好的保护。例如贝叶经等易破损的古籍、经书等珍贵文献，可以通过拍照、录像等现代技术保存下来，便于科研人员的研究查阅，减少了对珍本的翻阅所造成的损害。

被誉为"第二敦煌"的萨迦寺，正在加紧将浩繁的经书、古籍扫描、存档，筹建"电子阅览馆"。萨迦寺现存 4.5 万多部经书、古籍等文献资料，截至 2012 年，已完成电子存档 2000 多部。建成后，人们只要轻点鼠标，即可查阅到这些珍贵的文献资料。数字化手段，为千年古寺萨迦寺留下一份弥久的遗产。③

## 二　保护和传承非物质文化遗产功能

西藏自治区的非物质文化遗产资源丰富，种类繁多，内容多种多样。西藏自治区自 2005 年全面启动非物质文化遗产普查工

---

① 《白少波西藏大学发掘"菩日文献"填补空白》，http：//www. chinanews. com/cul/2011/08－04/3233308. shtml。

② 罗布次仁：《西藏珍贵古籍保护成效显著 36 部入选国家名录》，http：//gb. cri. cn/27824/2010/07/08/5187s2913629. htm。

③ 《西藏萨迦寺筹建"电子阅览馆"保护文献和文物》，http：//news. sina. com. cn/o/2012－12－05/135925736939. shtml。

作以来，共发现非遗项目406个，发现传统戏剧演出机构83个，收集涉及民间文学、民间音乐、民间舞蹈等项目的录音带（录像带）1500余盒，相关照片4万余张，发现各类非物质文化遗产项目传承人1177名。目前西藏自治区已经建立、健全了自治区、地市、县三级非物质文化遗产数据库，先后向国家申报了156项非物质文化遗产代表作名录和90名代表性传承人名录，完成了三批自治区级非遗代表作名录和首批代表性传承人名录。其中格萨尔和藏戏已经成为联合国教科文组织人类非物质文化遗产代表作。①

西藏自治区高校图书馆发挥特有的现代科技优势，勇于承担保护与传承藏民族文化遗产的重任，努力完成历史赋予的神圣职责，将收集的内容整合，创建了"非物质文化遗产"数据库。由于非物质文化遗产的表现形式多为音乐、说唱，舞蹈等形式，很难用语言叙述和记录下来，加之不能及时找到适合的传承人，容易导致一些非物质文化遗产面临失传和消亡的危险。

例如：濒临消亡的《格萨尔》传唱艺术，由于传唱艺人的离世，传承人无法及时补充，正面临着逐渐消亡的危险。如今，这一珍贵的文化遗产可以通过录音、摄像等音像技术将其记载、保存下来，使这一英雄史诗得以永远流传。

又如：自2009年以来，西藏自治区开始对夏鲁寺的壁画进行数字化记录工作，截止2012年，已完成三处壁画的数字化摄

---

① 尕玛多吉：《西藏非物质文化遗产得到全面保护》，http：//politics.people.com.cn/GB/14562/13419803.html。

影、后期拼接、制作虚拟漫游网页等工作，随着这一项目的开展和圆满完成，必将为西藏自治区文化遗产的保护和发展提供一种全新的模式。

# 第五节　结语

在网络环境下，西藏自治区高校图书馆要及时更新功能定位，转变服务理念，调整馆藏资源结构，加快创建西藏自治区高校图书馆的文献共建和共享联盟，站在全区的高度，制定适合西藏自治区社会、经济发展和高校学科建设的文献建设规划，将宝贵的文献资源整合到统一的共享系统中，使全区人民都能体验和享受文献信息服务的优越性，积极发挥图书馆的优势和功能，做好西藏文化遗产的保护工作，为建设更加美好的西藏而不懈努力。

# 高校图书馆的信息化建设

# 第六章  网络环境下的高校图书馆信息服务

伴随着以计算机技术和通信技术为核心的信息技术的飞速发展，知识和信息已成为经济发展的主导力量，知识和信息的宝贵价值，越来越受到全社会的广泛关注，并已成为人们生活中不可缺少的组成部分。各种信息咨询公司的出现和迅猛发展，满足了社会的信息需求，促进了信息服务业的发展。这种局面，一方面给传统图书馆的信息服务带来了强有力的竞争和严峻的挑战；另一方面也给图书馆的现代信息服务带来了发展契机。作为知识信息中心的图书馆，其职能也必将向更深层次发展。图书馆不仅要以储存人类文明、收藏历史文献和开展科学教育为己任，同时更应肩负起开发信息资源、传播科技信息的时代职能，把工作重点转移到信息增值的信息咨询服务上，以推动社会的进步和人类文明的向前发展。

## 第一节  高校图书馆在信息服务中的重要地位

网络的发展，为高校图书馆的信息服务业务，提供了广阔的发展空间和施展才能的巨大舞台。信息技术在图书馆领域应用的不断深入，必然将传统图书馆推向全球一体化、网络化的崭新空间。网络使图书馆之间的协作由梦想变为现实。网络系统能够优质、快捷地完成各种信息的传递和服务，图书馆中所蕴藏的丰富的文献信息资源，通过网络连接，打破了地域和时空的界限，使图书馆的信息服务完全融入到了社会的整个信息服务体系之中。因此，高校图书馆，作为为教学和科研服务的学术性机构，作为学校的文献信息中心，只有改变原来的传统服务模式，逐步向网络信息化的信息服务模式转变，才能适应新的时代需要。这将是一个不可逆转的发展趋势。只有从传统的、封闭的图书馆中走出来，开展高效率、高质量的信息服务工作，使高校图书馆文献信息中心的作用和职能得到充分的发挥，才能在高校的教学和科研中发挥出越来越大的作用，为发展中国的教育、科学、文化事业做出巨大的贡献。

随着知识经济时代的到来，信息服务将成为高校图书馆的核心业务，信息在经济发展中的主导地位，也决定了高校图书馆日渐明显的重要学术地位。其重要性主要表现在以下两个方面：

**一 高等学校是中国科研工作中的一支重要学术力量，科研成果的数量和质量，往往是衡量一个高校科研能力的重要标尺**

高校图书馆拥有宝贵的馆藏和丰富的网络信息资源（特别是拥有专业齐全的专题数据库、特色数据库等丰富的数字文献信息资源），拥有完备的信息服务系统，为学校的教学工作和科研项目的顺利完成，提供了强有力的信息保障。

**二　高等学校担负着培养具有专业知识的高素质人才、培养具有创新精神的开拓型人才的重要任务**

高校图书馆有责任加强宣传教育工作，强化学生的信息意识，在广大师生中普及网络知识，加强对学生自学能力的培养——包括查询、检索等各个方面的能力，以利于学生充分掌握图书馆使用的基本知识，发挥自觉性和能动性，博览群书，不断扩大知识面，开拓思路。与此同时，高校图书馆还有责任针对学生和读者的特殊信息需求，开展系统化、集成化、综合性强的信息服务，使高校图书馆信息库、知识源的作用得以充分地发挥。

因此，高校图书馆要充分认清形势，紧紧抓住这一难得的历史机遇，及早、尽快地采取有力措施，大力发展和深化本馆的信息服务业务，提高信息服务水平，更好地为高等院校的教育和科研服务。

# 第二节　网络环境对高校图书馆信息服务工作的影响

网络信息服务，是一种面向广大用户，尽可能提供全面和丰富的信息的服务模式。伴随着网络技术和数字化技术的深入发展，高校图书馆的信息资源结构和信息处理技术等方面都发生了质的变化。

## 一　网络改变了图书馆的信息资源模式

传统图书馆，其服务是建立在以纸质文献为主的文献信息资

源之上的，服务质量和服务范围都受到馆藏文献的严重制约。

随着数字技术的飞速发展，电子出版物作为一种新的知识与信息传播载体，可将文献信息从文本信息转换成计算机可读的信息，记录在磁性载体或光学载体（CD-ROM 光盘等）上，在计算机软件的支持下，形成完整的全文信息，并提供著者（译者）、出版者、时间、关键词、主题词等各种检索途径，能够对信息进行单项检索或多项组配检索等。

电子出版物的种类很多，包括电子图书、电子期刊、电子版的书目数据和计算机软件等。其中光盘作为激光技术、计算机技术和光电集成等高新技术的结晶，以其体积小、容量大、价格低、可存储多种媒体信息以及便于携带等优势，在电子出版物中占有主导地位。

当前，随着网络技术的发展，文献载体开始网络化，为了尽快适应这种文献载体的变化，高校图书馆要在不断完善馆藏结构的同时，利用本馆的网络环境优势，在网络信息资源中广泛收集相关信息，大力开发网络信息。[①] 与此同时，对于现有的馆藏文献信息资源，应利用先进的计算机网络系统，进行深层次的加工、开发和利用，以便于读者的查询；应对本馆文献信息进行提炼、加工，建设成为与学校教学、科研相关的各类专题数据库、特色数据库等，并使数据库标准化和规范化，形成自己的信息产品，更好地为学校教学、科研服务。

---

① 魏滨：《论网络环境下信息服务工作的变革》，《图书馆学刊》2002 年第 6 期，第 29 页。

## 二　网络拓宽了图书馆可提供信息资源的范围

传统图书馆提供的文献信息资源只来源于本馆的馆藏，而信息的网络化，使图书馆能够利用网络提供的丰富、全面、系统的信息资源，满足读者的各种信息需求，这在很大程度上拓宽了可利用的信息资源的范围，提高了服务效率和服务质量。信息服务将不再是只为读者提供纸质文献资料和口头的参考咨询工作，还将为读者提供全面的阅读视听设备等设施，提供完备的信息导航系统，以便读者能够在一定的时间里获得最多的有效信息。

## 三　网络改变了图书馆的信息服务模式

传统图书馆的服务方式主要是依靠手工向用户提供文献借阅、文献检索、信息咨询等等"面对面"的服务，传统图书馆的信息查寻，主要是通过卡片目录或书本式目录、索引和文摘，进行手工检索，这就造成检索点少、检索方法单一、检索速度慢、回溯性检索难以实现等问题。网络技术使图书馆拥有了丰富的网络信息资源，信息服务的内容和方式向着多元化的方向发展。传统的手工文献检索被光盘检索、网上信息检索所取代，除了可以直接满足读者的书刊借阅、信息咨询等服务要求，而且，信息检索的途径也变得多种多样，信息查寻的范围得到很大的扩展，不再局限于本馆有限的馆藏资源，还能够轻松地查阅到国内外大量的相关信息。

## 四　网络扩大了图书馆信息服务的服务范围

传统图书馆的服务对象只局限于本地区、本校的范围内，而信息的网络化，打破了时空和地域的限制，使得"无墙图书馆""数字图书馆"成为可能，全世界的任何用户都可以享受到网络上任何一个信息机构所提供的信息服务，可以从更广阔的信息领域内获得所需信息。

## 第三节　网络化环境下高校图书馆信息服务的特点

作为知识、信息集散地的高校图书馆，正处在以纸质文献资源为主的传统图书馆和以数字网络信息资源为主的数字图书馆的共存期，既拥有丰富、完整、系统的文献资源，还具备先进的数字技术和大量的网络信息资源，高校图书馆的信息传播服务功能得到了不断增强，高校图书馆知识、信息服务的质量和效率也得到了很大程度的提升，它已经成为高校人才教育基地的重要组成部分。在网络环境下，人们获取和使用信息的方式发生了重大改变，传统的服务方式受到了巨大冲击，高校图书馆的信息服务，无论在文献类型、服务对象、服务内容、服务方式，还是在图书馆员等方面都已发生重大的变化。[①]

### 一　信息服务网络化、数字化

与传统图书馆的坐等用户上门、封闭式的被动服务方式不同，现代信息服务的数字化、网络化特点很突出。各种各样的

---

　　① 吴淑敏：《高校图书馆服务模式要向信息技术管理转变》，《图书馆工作与研究》2002年第4期，第61—62页。

网络互联互通，各种专业数据库、特色数据库大量建成，极大地丰富了网络信息资源，使现代图书馆的信息服务变成较为系统的、网络化的信息服务。使网上信息在更大的范围内共享，以满足更多用户的需求。为了适应信息时代的要求，高校图书馆的信息服务，应由手工服务变为网络服务，将对本馆馆藏文献进行收集、加工、借阅的传统方式，变为在网络上不断查寻，收集用户所需的信息，并加以整理、提炼，去粗取精、去伪存真，将有价值的信息提取出来并有针对性地提供给用户的现代化服务手段。应利用丰富的网络信息资源，满足读者更深层次的信息需求。

### 二 服务质量优质化

高校图书馆信息服务应具备"广、快、精、准、新"等特点，以高品质的服务满足读者和用户的需求。"广"就是提供的信息范围要广，搜集资料要全。高校图书馆的信息资源不仅包括本馆的馆藏，还有丰富的网络信息资源，这就要求要有很高的查全率，否则，所提供的信息就不会完整全面。"快"就是提供信息的速度要快。网络加速了信息的传递与交流速度，在网上交流已成为人们喜爱的交流信息的重要方式之一。"精"就是提供的信息内容要经过高度地提炼，以增加有效信息的含金量。"准"就是提供的信息内容要准确无误，查准率要高。"新"就是提供的信息内容的时效要新，要根据读者的实际需要，提供有效时段内的相关信息。只有这样，才能给读者提供优质化的服务。

### 三 创新个性化服务

信息资源的逐步网络化，为用户获取大量信息提供了广阔的空间和极大的便利。与此同时，信息数量的飞速增长，势必导致大量"无效信息""垃圾信息"的出现，造成网络信息领域内"泥沙俱下，鱼龙混杂"的混乱局面。网络信息资源的无限膨胀与用户利用之间的矛盾，已经暴露出网络资源的缺陷，并严重影响着用户对知识信息的需求。在这种情况下，用户迫切需要有人能够为他们及时获得"有用"信息，排除干扰，创造一个洁净的网络信息环境。此时此刻，高校图书馆责无旁贷，要利用自身优势，对馆藏资源和网络资源进行深层次的开发，对知识、信息进行加工、分析、整理、综合，以读者和用户的需求为中心，以充分满足读者和用户的信息需求为目的，为用户提供具有针对性和人性化的个性化信息服务。[①] 网络信息服务具有传统信息服务所不具备的双向性，用户能够更多地、自觉地参与到信息服务的过程中去，从而促进信息服务的个性化不断深入和发展。

# 第四节 结语

总之，在网上信息与文献信息相互交融的时代背景下，当代高校图书馆信息服务的方向应该是将人文精神和科学精神相结

---

① 张安珍：《论网络环境下的信息服务模式》，《中国图书馆学报》2002 年第 1 期，第 32—34 页。

合，根据高校发展及用户需求，开发利用信息资源，充分发挥信息中心的作用。只有这样，才能使高校图书馆的信息服务质量得到更大程度地提高，从而在激烈的信息服务竞争立于不败之地。

西藏民族大学图书馆的数字资源服务设备（照片提供严欣昱）

# 第七章　适应网络信息时代的高校数字图书馆发展

作为知识经济的重要载体，数字图书馆是国家信息基础设施的重要组成部分，并已成为评价一个国家信息水平的重要标志和21世纪各国文化、科技竞争的重要领域。数字图书馆是随着信息技术的发展而产生的，是高新技术的产物，是伴随着国际互联网的发展和普及而兴起的一种新型图书馆。

数字图书馆（Digital Library），其本质特征就是数字化资源、网络化存取、分布式管理。

对于中国来说，数字图书馆的起步较晚，因此，建设数字图书馆就更加具有必要性和紧迫性。中国的数字图书馆研究，是从翻译、介绍国外的有关项目开始的。1995年，IBM公司与中国合作，进行数字图书馆的开发试验，由此真正在中国提出了数字图书馆的概念。1996年，在北京召开第62届国际图联（IFLA）大会之后，中国开始大规模地开展数字图书馆的研发工作。1996年5月，国家图书馆提出了"中国试验性数字图书馆"项目，经文化部的组织与协调，1997年获得批准立项，成为国家重点科技项目。

数字图书馆是采用现代高新技术的数字信息资源系统，是没有时空限制的、便于使用的、超大规模的知识中心，它将从根本上改变目前国际互联网上信息分散，不便使用的现状。目前，中国已有许多数字图书馆投入使用。

## 第一节　中国高校数字图书馆现状

21世纪，世界进入了一个知识经济的时代，知识、信息、高科技和高素质的人才，将是决定中国国民经济能否高速发展的必要条件。中国高校图书馆作为高校的知识和信息的集散中心，参与了人才的教育培养，服务于教学和科研，进而推进整个学校的教学与科研水平。伴随着国际与国内数字化、网络化的迅猛发展，中国高校图书馆的文献信息服务面临着数字化、网络化的巨大冲击，也开始全面跨入数字信息时代。1998年10月，原李岚清副总理在视察国家图书馆时指出："未来图书馆的模式，应当是数字图书馆。数字图书馆将文献资源数字化，通过网络与全国联接，乃至与世界连接，这是个方向。数字图书馆是信息化建设不可缺少的重要一环，是没有围墙的图书馆。"[1] 李岚清的重要讲话明确指出了图书馆未来发展的方向。

中国积极推进"中国试验性数字图书馆"项目的开发，最早参与"中国试验性数字图书馆"项目的几所高等院校都已完成了

---

[1] 刘蓉：《对高校图书馆数字化资源建设的思考》，《四川图书馆学报》2001年第1期，第63—66页。

一些项目的数字化，目前，中国部分高校图书馆已完成了图书馆局域网、校园网、国家教育科研网（Cernet）和国际互联网的连接，例如，北京大学图书馆、清华大学图书馆、上海交通大学图书馆等等，其他一些有条件的高校图书馆也正在加快进行数字化图书馆的建设，计划将自己的特色馆藏数字化，并利用网上数字化的资料，为读者开展丰富的网上电子信息服务。

从中国现状看，对信息的使用及需求，最大的领域在高校，所以，高校的数字图书馆建设就显得尤为重要。高校图书馆是收集、整理、利用文献资料，开展管理服务的信息中心，是为教学和科研服务的学术机构，其基本任务是最大限度地满足读者对文献信息的各种需求。高校图书馆要充分实现"教书育人、服务育人、管理育人"的服务目标，就必须利用信息技术的成果，加大力度进行自动化、网络化建设。因此，高校图书馆必须迅速更新观念，提高人员素质，改变落后的服务手段，尤其要运用数字化、网络化的手段，将知识信息高效、快捷地传播、服务于读者。高校图书馆的数字化，就是要打破传统高校图书馆落后的服务手段和封闭的服务方式，发挥高校信息中心的最大效用；高校图书馆的数字化，就是要根据本馆的特点，大力开发网络信息资源，加强虚拟图书馆的建设，以不断丰富自己的馆藏资源。此外，高校图书馆还应对网上特定的信息资源进行系统而有序的加工和整理，使自己逐步成为网络信息增值服务的提供者，为读者和用户提供更加有效的服务。应把高校图书馆变成一个非物理意义上的概念，使高校图书馆的服务功能得以延伸和扩展。高校图书馆的数字化，可以使其不再以有限的信息资源为中心，不再以高校图书馆馆舍为中心，而是以读者为中心、以服务为中心，使读者真正变成了衡量图书馆服务价值和服务质量的唯一标尺。

目前，中国高校图书馆，绝大多数仍处在由传统图书馆向数字图书馆过渡的发展时期，除北京大学、清华大学、上海交通大学等几所重点高校外，还有部分高校数字图书馆的建设还未完成。这种情况与国外数字图书馆建设形成了巨大的反差，而且这种差距随着时间的推移还有可能会越来越大，启动和加速中国高校数字图书馆建设已成为迫在眉睫的紧要问题，只有立即行动起来，才能尽快缩小中国高校数字图书馆建设与国外数字图书馆发展的差距，才能促进中国图书馆事业的快速发展并真正实现质的飞跃。

作为高校文献信息资源中心的高校图书馆，如何适应时代的新要求，加强信息咨询服务工作，变文献的存储收藏为信息的传递使用，产生积极的社会效益和经济效益，使高校图书馆成为传播知识信息和信息再生的基地，变被动的手工服务为主动的有高科技技术含量的深层次服务，已成为当今高校图书馆所要解决的迫切任务。目前，许多高校图书馆采用引进和自建数据库的方式，构建了有一定规模的数字化信息源，通过校园网、国际互联网和电子阅览室等多种途径为广大师生提供了越来越方便的信息服务，使中国高校教育科研队伍的获取信息和知识能力得到极大地提高。高校图书馆应抓住信息时代提供的机遇，加紧数字化技术的研究与利用，使数字化信息和数字技术进入高校图书馆，实现高校图书馆的完全数字化。

# 第二节　高校图书馆数字化资源建设

## 一　馆藏特色资源数字化和特色电子文献采购

数字图书馆是传统图书馆实现管理与服务现代化的必由之路，馆藏特色资源数字化是数字图书馆信息资源建设的重要组成部分，数字图书馆必须以丰富的、具有特色的数字化资源作为保障，才能保证数字图书馆各项职能的顺利发挥。高校图书馆只有具备了特色数字资源，才能构成数字图书馆的特色馆藏，才有可能最大限度地实现信息资源的共享。

要加速数字图书馆的建设，首先必须加速特色文献信息资源数字化的基础工作进程。馆藏特色资源的数字化，就是根据高校的学科特点、科研方向和日后的发展规模，建立个性化的数据库。高校图书馆经过多年的建设和发展，积累了丰富的馆藏，并且在某一方面形成了一定规模的、结构比较完整的文献资源，优先对这一部分馆藏资源进行有系统、有组织地开发整理，进而进行特色资源的数字化，才能发挥本馆的特色资源优势，做到"人无我有、人有我优"，联网之后才能资源互补、优势互补。同时，还可根据教学和科研的需要，对相关的教学参考书、学术期刊作数字化技术处理，在此基础上建立全方位的搜索引擎，实现网上的轻松阅读和下载。

高校图书馆应及时调整文献的采集策略，制定出相应的电子文献的收藏计划，进行必要的馆藏结构的调整，加大采购电子文献的投资，逐步增加馆内电子信息资源的比重。在采购过程中要注意电子文献的选择，应根据本馆的馆藏建设情况及本校学科发展趋势，从长远考虑，制定合理的电子资源建设目标和收集策略，对电子文献本身做到深入、全面的了解，减少盲目的、随机的购买行为，以避免电子文献重复购入。

前一段时间，光盘市场十分活跃，许多公司纷纷推出自己的产品，同一内容往往就有几套不同系列的产品，实际上只是名称稍有不同而内容大同小异。特别是教育、学习类的光盘，这种现象更为普遍。同时，当前中国国内为数不多的教育、科研类数据库，内容重复的现象也有不同程度的存在。因此，高校图书馆在采购之前，要进行认真的选择，以避免资金的浪费。

在有计划的加大电子文献采购比例的同时，高校图书馆要根据现有的馆藏特点、馆藏发展计划、地区性和专业性等因素，确定适当的主题范围或文献类型范围，有重点、有计划地采购符合本馆特色的数字化文献，充实高校图书馆的特色文献信息资源，建立特色数据库，实现目录检索、主题检索和全文检索。

高校图书馆还可选择自己的校内特色资源，如自己的学位论文、出版物等自己所特有的资源，创建相应的特色数据库。

## 二　社会资源数字化

社会资源数字化，是指大力开发、拓展网上资源，对社会上已被数字化的网络信息资源进行收集，通过对信息的搜索、跟踪和过滤，将有关资源分门别类地加以组织整理，为教师和学生提供丰富、优质的信息资源服务，以保障科研和教学任务的顺利完成。高校图书馆要实现从"文献资料服务型"向"文献资源开发型"的转变，就必须注重信息资源的开发、传输和利用，必须打破原有的"小而全""大而全"的藏书建设思想，要根据本馆的特点，大力开发网络信息资源，以不断扩充自己的馆藏资源。

具体讲，就是由工作人员根据高校师生的教学需求及科研需要，对国际互联网上的资源精心筛选、分类，将大量分散的原始信息进行合理的整理与有序的组织，并将国内外有关信息资源连接起来，建立起网络专题资源库，将用户直接引入所要查询的专业和主题。这种针对网上特定的信息资源进行系统、有序的加工和整理，可以使自己逐步成为网络信息增值服务的提供者，为用户提供更加有效的服务，是高校图书馆建设数字信息资源的重要途径。正如比尔·盖茨所说："图书馆储藏有重要的信息资源，它在信息时代将发挥前所未有的中心作用……图书馆员的职责就是帮助人们选择信息、评价信息并与信息网络取得连接。这样就用不着人人都亲自去搜寻信息。图书馆员面临着挖掘新技术、发展新技术的大好机会。"[①]

### 三　数据库开发特色化

高校图书馆馆藏具有丰富的特色文献资源和相关信息，并具备较全面的获取国际互联网资源的软硬件系统。应充分利用现代化手段和资源优势，开发有特色的数据库并将其送上网，这样既可为用户提供主动的、无时空局限的、交互式的全方位服务，又可以提高自己在网络信息服务中的影响。

---

① 转引自李敏《网络信息资源的开发与服务》，《图书馆理论与实践》2003 年第 4 期，第 32—34 页。

比如：笔者所在的西藏民族大学图书馆，藏学资源储藏十分丰富，为藏学研究提供了充分的信息保障，并多次为西藏自治区各部门编写地方志等民族研究工作提供了大量的相关信息，为社会提供了高层次、高效率的社会服务，取得了良好的社会效应，其教育价值、研究价值、社会价值是显而易见的。将这一丰富资源数字化，建成特色数据库，在这一点上有着得天独厚的优势，可为更多的用户和学者提供特色服务，从真正意义上实现信息服务的全球化、社会化。

### 四　读者服务多样化

在网络环境下，图书馆不再是唯一提供信息服务的机构，许多信息公司，甚至团体和个人都在网上开展了丰富的信息服务业务，这给图书馆的生存和发展带来了严峻的挑战，同时也带来难得机遇。

高校图书馆无论在信息资源、设备设施还是在专业人才等方面，都具有一般信息公司无法比拟的优势。高校科研活动在中国科研体系中占有很大比重，因此，高校图书馆应重点了解学校的教学安排和科研动态，清楚各重点科研组及实验室的科研内容和研究方向，有针对性地主动搜集国内外有关新知识、新信息、新技术、新方法的推广应用情况，注意相关学科的前沿动态，准确地掌握相关专业领域的研究水平，密切跟踪国内外研究动向，为学校的教学科研技术开发提供课题查新、资料编译、情报咨询和定题服务等多层次、多方位的服务。前一段时间，许多高校图书馆在读者服务方面，一般只能做到提供 MARC（机读目录）数据，使读者通过检索书刊文献的题名、作者、分类、主题等检索途径，获取书目的基本信息，而对文献内容则无法进行检索。但是，网上信息、特别是多媒体信息的日益增多，使得简单的检索途径和有限的检索结果，已不能满足高校师生的需求，高校图书馆必须在原有的基础上，寻求更加有效的检索方法，提供灵活快捷、界面友好的多种检索方式，以满足在网络环境下对高校图书馆提出的新要求。[1]

高校图书馆最直接的服务对象主要有三类，一是科研人员，二是教学人员，三是在校学生。网络环境下的信息资源不再只局限于馆藏，借助于信息网络，高校图书馆可以突破自身馆藏的限制，以网络化信息资源作为其提供服务的坚强后盾。远程通信技术和网络技术的应用，高校图书馆与地区网、国内网和国际网的联网，已经和正在把高校图书馆与近程和远程读者、各类信息服务中心、各类书目提供机构，利用联机信息检索系统连为一体，特别是高校图书馆与国际互联网的联网，已经能使读者获得众多信息服务。同时高校图书馆也可将自己的电子信息资源，如电子出版物、数字化馆藏、馆藏联机检索目录等送到网上，供更大范围的读者使用。

## 第三节　结语

面对 21 世纪的信息热潮，高校图书馆应积极地将馆藏文献

---

① 明琳：《数字化的高校图书馆》，《云南高教研究》2001 年第 2 期，第 64—66 页。

资源转化为网络信息资源，努力开发以网络资源为主体的馆外信息资源，把网络信息服务有机地纳入现有的图书馆服务中，开展多种多样的网络化服务，以满足读者日益增长的信息需求，进而树立起高校图书馆作为网络时代信息专家的形象。只有这样，才能让读者意识到高校图书馆依然是自己信息需求的首选之处，由此，高校图书馆才能坦然面对信息网络时代的挑战，并取得更大的发展空间。

# 第八章　数字图书馆建设与服务西部大开发战略

　　随着计算机和互联网技术的发展，网络已经快速渗透到社会的各个领域，人们对网络信息的需求迅速增长，以技术为核心的现代网络信息，已经与社会融为一体。世界经济的发展和中国经济的腾飞，要依靠人类的知识与智慧，人们更需要依靠国际互联网技术来获取信息。国际互联网已被越来越多的领域和行业所采用和接纳。同时，也进一步影响着人们的工作、学习、生活等。

　　由于历史和自然的因素，中国西部地区的经济、文化、教育事业发展极为缓慢。经济的贫穷和文化的落后，造成了西部地区同东部沿海地区的社会经济发展速度的巨大差距。20 世纪末，随着中国经济的迅猛发展，东西部经济发展不均的矛盾日益突出，为了更好、更快地解决这一矛盾，国家提出了西部大开发的战略部署，力求使中国经济尤其是西部经济得到全面快速的发展。1999 年 9 月 22 日，中共十五届四中全会提出了"西部大开发战略"，时任总理朱镕基指出：完成"西部大开发战略"，要靠高素质的人才和先进的高新技术。[①] 1999 年 6 月，江泽民发出了实施"西部大开发战略"的动员令，力求把西部地区建设成为一个社会进步、生活安定、民族团结、山河秀美的地区。[②] "西部大开发战略"的实施，为我们西部地区图书馆事业包括民族高校图书馆事业的快速发展，提供了宝贵的机遇。面对机遇与挑战，图书馆要适应西部大开发要求，从根本上实现自身的变革和发展。

图书馆的历史使命就是保护人类的文化遗产。它是人类文化的宝库，是全社会图书文献的收藏中心。图书馆在保存和传播人类文化遗产方面做出了巨大的贡献，在人类发展的历史长河中，发挥着不可替代的、承上启下的作用。图书馆事业是一个国家科学、文化、教育事业的重要组成部分。图书馆事业的发展是与社会经济的发展相适应的，因而也是西部大开发战略实施的一个重要组成部分。

面对网络时代的新形势、新要求，图书馆工作的重点发生了巨大的变化。随着信息技术的渗透，信息载体的数字化以及信息传播网络化的发展，使以书刊为主要收藏载体的传统图书馆面临严峻的挑战，为了适应数字时代的要求，图书馆的数字化是一个必然趋势。

---

① 原晓燕、王彬：《试论高校图书馆信息职能的发挥》，《图书馆与西部大开发》，陕西旅游出版社 2002 年版，第 187—191 页。
② 王若冰：《抓住机遇，大力发展图书馆事业——兼论图书馆在西部大开发中的作用》，《图书馆与西部在开发》，陕西旅游出版社 2002 年版，第 56—60 页。

# 第一节　中国数字图书馆研究情况

中国数字图书馆的研发起步较晚，1996 年 5 月，国家图书馆提出了"中国试验性数字图书馆"项目，经文化部组织与协调，上报国家计委，并于 1997 年获得批准立项，成为国家重点科技项目。项目以国家图书馆为组长单位，有上海市图书馆、辽宁省图书馆、南京市图书馆、广东省中山图书馆和深圳市图书馆参加。[①] 文化部于 2000 年开始在全国倡导实施"中国数字图书馆工程"，该工程旨在建设超大规模的优质中文信息资源库群，并通过国家高速宽带网向全国及全球提供服务，最终形成世界上最全面、最系统的网上中文信息基地和服务中心。2001 年 10 月，"国家图书馆二期暨国家数字图书馆基础工程"经国务院批准立项，该项目将在国家图书馆新馆内建成"国家数字图书馆国家中心"。这个项目的成功立项是中国数字图书馆发展历史上极为关键的一步。目前，该工程已被列为国家"十五"重点建设项目，有力地推动了中国信息基础设施建设向数字图书馆方向发展。图书馆的数字化建设的核心是资源建设，因此，搞好数字图书馆资源建设，有利于更好地发挥其社会职能、教育职能、情报职能。

目前，"中国试验性数字图书馆"项目，已创建了一些多馆合作的资源建设和共享体系，实现了一个基于分布环境的、以馆藏建设为基础的数字图书馆应用系统。该系统从功能上覆盖了资

---

① 王忠华、周勇：《数字图书馆》，北京邮电大学出版社 2002 年版，第 70 页。

源的采集、加工、处理、储藏、组织、管理、调度、资源发布、用户利用等全过程，并支持分布式网络环境下多馆合作资源共建、共享的模式。项目已经完成了系统构架的研究，创建、开发了数字资源加工系统、调度系统、资源发布系统和用户应用系统等。应用上述系统，共完成了约900GB容量的多媒体资源的建设与发布，在国际互联网环境下，使用户一侧实现了透明的页面级的无缝跨库检索与连接。作为国内目前唯一具有自主版权的实用数字图书馆系统，其研究成果已经被应用到"中国数字图书馆工程""全国文化资源共享工程"等大型项目中，极大地推动了相关工作，发挥了良好的作用。

# 第二节　数字图书馆的建设

数字图书馆的建设主要包括以下几个方面：完善的服务设施、优化的信息资源、高素质的掌握现代信息技术的工作人员、较高的用户认识和使用能力等等。

数字图书馆不同于传统图书馆，其信息资源是数字化的，不受时空地域的限制，可以提供丰富、快捷的信息。数字图书馆的信息资源建设，主要包括以下两个方面：即原始馆藏资源的数字化和网上数字化信息的收集。

## 一　原始馆藏资源的数字化

它是指将传统图书馆的馆藏资源转化成计算机可以识别和处理的数字化信息，经过整理和加工后，存储在计算机的存储设备里，以提高文献的利用率及提供远程信息服务。将原始馆藏资源数字化，能够为信息资源建设带来许多便利与好处，能够有效地解决文献保障方面所面临的问题。利用计算机检索，不仅速度快，而且还可以提供题录索引、全文检索等多种检索途径，从根本上改变了落后的手工检索方式，加快了文献的利用和信息的传递。随着印刷型文献的快速增长，传统图书馆常常感到馆舍的不足，将文献数字化，则极大地解决了存储空间狭小的问题。同时，一些珍本、孤本因保护问题而增大了借阅手续，使得借阅过程艰难，很难满足读者的需要，而将这部分文献数字化，可以充分提高这部分文献的利用率，极大地满足了读者的需求。

## 二 网上数字化信息的收集和保存

国际互联网上拥有丰富的数字化信息，但是大部分都处于杂乱无章的无序状态，如果能够合理利用这些信息，将是对数字图书馆信息资源的强有力的补充。目前，图书馆主要是通过两个渠道进行网上信息资源的收集：一是对网上的电子出版物的订购；二是有针对性地对网上的信息进行收集，以扩充自己的馆藏资源。这样，就在很大程度上扭转了因馆舍与资金不足而造成的资源匮乏局面，丰富了图书馆的信息资源，提高了信息的利用率。

图书馆不仅需要先进的设备和现代化的管理，同时还需要有一支掌握高科技知识、具有熟练技能的高素质的人才队伍。因此，图书馆的人才培养，也就显得尤为重要。应加强信息服务人员的再教育，完善他们的知识结构，拓宽他们的知识面，弥补他们的知识面窄、知识老化的不足，全面掌握计算机理论知识，提高计算机的应用能力，使他们具备过硬的网络信息管理能力，从容面对无序的信息世界，为信息用户担负起导航的任务。

# 第三节　服务于西部大开发

中国西部地区的信息化程度远远不能满足本地区社会、经济、文化生活的需要，要改变西部地区经济落后的局面，其中一个重要方面就是要充分利用信息资源，开阔眼界，拓展思路，转变观念，引进先进的技术和管理模式，吸引外资，为中国西部地区的经济发展注入新鲜血液。

"西部大开发战略"，是中国区域经济发展政策的一次大调整，是挖掘西部优势的有利时机。"西部大开发战略"的实质就是知识发展战略，就是要充分利用知识、信息、教育等有利条件，促进经济和社会的发展，缩小与发达地区的差距。"西部大开发战略"的实施，赋予了图书馆光荣而艰巨的历史使命，同时也为图书馆的建设和发展创造了难得的历史良机。随着科学技术的进步和社会的发展，人们越来越清醒地认识到图书馆的重要性。中国西部地区的信息化基础设施是一个有机的整体，不仅需要高速宽带的信息通道和完善的网络结构，还需要高质量的数字化信息资源。图书馆经过数字化处理的大量信息资源，就是这一网络信息资源的重要组成部分。图书馆应该在不断充实现有馆藏资源的同时，提高数字信息资源的收藏水平，丰富馆藏数字信息资源的内涵。要注重网上信息资源的建设，加大中文信息的开发力度，将分散在各个局域网上的信息，进行收集处理，引入图书馆的专题数据库、特色数据库，通过对这些资源的开发利用，努力丰富网络信息，加强与各兄弟图书馆及国际网络的互联，以达到资源共享的目的。要为读者和用户提供充分的信息资源，以多种途径满足读者的多元化需求，进而改善中国西部地区信息的贫乏状况，为中国西部地区的信息资源建设添砖加瓦。

图书馆应在西部大开发中找准自己的位置，积极投入西部大开发的事业中，努力发挥图书馆应有的作用，为西部大开发出策献力。

# 第九章　条形码技术在图书馆自动化管理中的应用

当前，在图书馆计算机管理系统中，多采用条形码作为人机对话的手段和检索查询的纽带，基本上屏蔽了键盘。正因为条形码具有识别速度高、数据录入可靠、录入准确性好、保密性强等优点，所以，条形码技术在社会各界得到了广泛传播与应用。那么，条形码技术在图书馆自动化管理中发挥了哪些作用呢？

## 第一节　回溯建库图书条形码化

图书的条形码标识是在回溯建库的过程中完成的。在回溯建库中，除了建立本馆的中央书目数据库外，还应完成条形码库的建设，做到每册图书都有唯一的一个条形码标识。

## 第二节　条形码技术在流通管理中的应用

条形码技术在借还书管理系统中的应用，包括"借书"

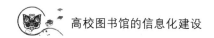

"还书""续借""预约""超期罚款""损书赔款""丢书赔款"等功能模块。条形码技术在图书典藏管理系统中的应用，包括"典藏分配""调拨""剔除""检索"等功能模块。条形码技术应用到以上各管理系统中，为馆藏图书的管理和流通带来了高效和便捷，对系统的安全性和保密性起到了重要作用，运用此系统可以轻松地对图书馆借阅历史及工作人员的工作量进行详细统计。[①]

## 第三节　读者借书证条形码化

通过图书馆自动化管理系统的流通子系统中的"读者管理"模块，可以为每一位读者建立证号、姓名、读者类型、单位、流通等级等一系列完整的借阅档案，并在塑封的借书证上贴上相应的条形码，使读者借书证号具有唯一性。这样，可以对图书的流通去向、读者的借阅情况及权限做到清楚无误，可以使读者借书证的查询、挂失方便快捷，免去了手工操作的许多烦琐工序。

条形码技术尽管以先进技术和高效率方便了图书馆的自动化管理，但若使用不当，也会为管理系统带来一些困难和不便，甚至造成不必要的损失。[②] 因此，我们在使用条形码技术时，应注意以下几个问题：

---

① 李巍、李莹敏：《条形码技术在图书馆的应用》，《图书馆建设》1999 年第 1 期，第 67—68 页。

② 高梅、邹卫星：《条形码技术》，《图书馆杂志》1991 年第 9（2）期，第 27—29 页。

### 一　条形码制作不能重码

条形码是图书可靠的、唯一的流通标识，具有唯一性。如果图书出现重码现象，那么就会在图书的流通、查询、典藏、调拨、剔除等一系列工作环节中造成不必要的麻烦和困难。

### 二　借书证条形码的编制要科学、规范

借书证条形码的编制可根据一定的规则，根据不同的读者类别、单位、权限分别编制。作为高校图书馆，可以使用不同的数字分别代表系别、年级、学制、班级等，做到借书证条形码的科学化、规范化。

### 三　条形码补遗有一定的随机性

条形码补遗的随机性，说明它便于补遗，注意一定要按时去做。这样，有助于简化工作环节，降低图书的滞留率，减少加工时间，提高流通效率。

### 四　根据工作场合配备条形码阅读器

不同的条形码阅读器适用于不同的工作环境，有图书和物品的要使用手持式条形码阅读器或光笔扫描，操作起来比较简便。①

综上所述，条形码技术作为图书馆自动化管理系统的主要手

---

① 赵泉、郭常红：《条形码制作的选择》，《图书情报通讯》1996 年第 3 期，第 66—67 页。

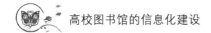

段，提高了系统的运行效率，加快了图书的流通，保证了馆藏文献资源的开发利用，因此，条形码技术值得推广。

西藏民族大学图书馆的电子管理设备（照片提供严欣昱）

# 第十章　国际互联网与图书情报信息服务工作

国际互联网是当前最大的国际性计算机网络，是一个连接国际学术教育机构计算机的网络，是一个服务功能强大、具有全球性的巨大信息资源宝库，是全球规模最大、用户最多、影响最广的网络互联系统。①

国际互联网最早是由美国政府建立的，开始称为 ARPAnet 网络，主要用于军事研究。1986 年，ARPAnet 网络分裂为 Milnet 和 NSFnet，前者被用于军事，后者被用于教育。接着，NSFnet 以它比 ARPAnet 更为先进的通信设计取代了 ARPAnet，进而占据了国际互联网主干网的地位。开始，它主要通过电话线连接，范围包括所有的美国大学以及国家经费资助的研究机构。其宗旨是为教育科研工作者提供先进的计算机网络环境，加强信息交流、科技合作，从而促进科学技术的迅猛发展。

到 1994 年底，国际互联网已覆盖了 152 个国家和地区，连

---

① 玄冬梅：《由 Internet 引起的思考》，《情报资料工作》1996 年第 5 期，第 24—27 页。

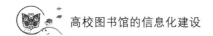

接了 4 万多个子网，具有 320 多万台计算机主机，用户已超过
4000 万①，到 2000 年，已经有 100 万个网络、1 亿台计算机、10
亿个用户进入该网络。

国际互联网在全国范围得到普及的最重要原因是其具有丰富
的内容资源和良好的应用环境。它在全球掀起的信息高潮一浪高
过一浪。中国在 1986 年与国际互联网开始发生联系，直至 1994
年 4 月才正式连入国际互联网。目前，中国国内的网络建设也如
雨后春笋，在这种形势下，信息资源的开发已成为当务之急。

信息时代为图书馆学的研究提出了新的要求。高校图书馆怎
样适应时代要求，满足时代需求，已成为摆在每一位图书馆工作
者面前迫在眉睫的重大课题。图书馆的信息自动化、管理自动
化，已经被提到议事日程。有些图书馆已经付诸实施，收到了良
好的社会效益。

国际互联网在图书馆界得到广泛应用，可以为客户提供迅速
简捷的、准确高效的服务。其服务内容包括：

第一，书刊文献的查找。通过国际互联网，书刊文献的查找
十分便捷。

例如：美国国会馆 DRA 数据库有 350 多万条目录，包括了
所有图书、地图、音乐、期刊和可视材料，国际互联网的用户可
以用作者、书名、ISBN 来查询。通过国际互联网还可以访问 24
个国家中的 600 多家图书馆的联机目录。

---

① 杨重英：《国际互联网络 Internet 与图书情报信息》，《情报资料工作》1996 年第 4
期，第 44—47 页。

期刊，是重要的文献源，近年来期刊大幅度提价，外文期刊的订购量日趋减少，而国际互联网网上的电子期刊则发展迅速，已有大量的报纸、大量的期刊及更多的时事报道进入国际互联网，而且已成为一种趋势。国际互联网上的期刊资源中只有少部分是有偿服务，大部分是免费使用的，只需办理一定的订购手续。这为信息服务的开展，提供了很好的机会。目前，中国使用国际互联网的电子期刊，关键是费用问题，但是从长期效应看，使用网上期刊的费用，肯定比印刷期刊低得多。[1]

第二，参考文献的查找。传统的厚厚的纸质文献存在很大弊病，不利于读者查阅和使用。例如：体积大，占地方；查找费时、费事，消耗查阅人员大量的时间和精力；内容更新缓慢，新词汇短缺；价格昂贵等。而国际互联网上的文献资料则查找非常方便，克服了上述缺点。目前，国际互联网上的百科全书、词典、法律工具书等已有很多种，并在不断增加。所以，使用网上信息查询参考文献、词典等工具书，将会收到事半功倍的功效。

第三，图书文献情报资源的查找。国际互联网上具有丰富的图书文献信息资源，主要包括图书馆馆藏目录、数据库文献信息、网上发布的电子期刊、电子图书等；网上还有许多图书馆的图书目录，通过国际互联网，用户大约可检索到世界上 60 多个图书馆及 40 多个专业机构的馆藏目录。[2]

国际互联网除了有大量的图书信息资源外，还有大量的数据

---

① 金泽龙：《信息服务业与 Internet 关联分析》，《情报资料工作》1997 年第 1 期，第41—43 页。

② 同上。

库和信息库资源，进入国际互联网，用户可以找到自己所需的各种论文、技术报告和各种国际标准的文档。

国际互联网不仅是一个信息量丰富巨大的宝库，而且是具有强大服务功能的网络。其中包括：第一，电子邮件服务（E-mail）；第二，远程登录服务（Telnet）；第三，文件传送服务（Ftp）；第四，三个信息查询工具（Gophet）、（Wair）、（WWW）。这为用户的查询提供了方便迅速的服务。

图书馆是信息情报的中转站，利用国际互联网进行信息服务，将产生深远的意义。中国的信息机构已开始进入国际互联网，信息自动化以及图书情报管理自动化事业方兴未艾。在国际互联网上查询、获取自己所需要的图书文献情报信息，已是一个十分有效、便捷的主要途径。图书馆应创造更好的条件以利用这一高科技带来的巨大便利，应加强图书馆软硬件的建设以及图书馆人员的培养，促进中国图书馆事业的更快发展。

# 第十一章 网络信息行为研究与高校图书馆的服务创新

随着网络信息技术的发展，信息的交流、传播、获取环境发生了巨大的变化，在快速发展变化的信息环境下，信息行为已成为人们不可或缺的社会行为之一。信息用户已开始突破传统的信息接受者和获取者的角色局限，逐渐转变为网络信息用户。他们的网络参与程度逐步提高，其信息需求通过外在的、多样的信息行为予以呈现。网络信息行为研究不断吸引着各领域学者的关注，研究对象已经从科研用户群体扩展至更广泛领域的群体，网络信息行为研究呈现出跨学科的特征。

信息行为是信息用户为满足其信息需求所进行的一系列信息活动，是用户信息需求的外在表现与延伸。网络信息行为则是利用高科技的网络技术，在网络环境下，为满足其信息需求所进行的一系列的信息活动。

大学生是网络知识受众的重要群体之一，对信息的关注、利用程度很高。当今的大学生，大部分人是伴随着网络的发展而成长起来的，网络在他们的日常生活中占有重要地位，利用网络进行学习和娱乐，是他们重要的学习、生活内容之一，因此，研究大学生的网络信息行为是全面、深入了解大学生的信息需求，进而有针对性地开展信息服务的前提条件。

大学生的网络信息行为也给高校图书馆的生存与服务提出了巨大挑战，高校图书馆在信息结构、服务模式、服务内容、服务方法等方面也应该进行创新和变革，以应对这些变化。

# 第一节　网络信息行为研究的内容

目前，国内的网络信息行为研究主要从理论角度、研究方法、类型研究、特征研究、范式研究、影响因素、其他相关问题等方面展开研究工作。

## 一　网络信息行为的理论研究

理论研究是开展学科领域研究的重要环节，是学科最基础性的研究，是进行深层次探讨、进而确定研究方向的重要前提。目前，在网络信息行为理论研究方面，较有代表性的成果如下：孙玉伟的《用户信息行为研究的理论基础探源》对信息行为的内涵，做了系统分析与归纳，并将图书馆学等相关领域的用户信息行为研究划分为几个部分——信息需求的认识与表达行为、信息查询与检索行为、信息使用行为（主要包括信息选择行为、信息交流传播行为、信息吸收行为、信息共享行为等）。① 陈成鑫、初景利对近几年国外新一代用户网络信息行为的研究成果进行综述，对新一代用户网络信息行为的理论基础、概念框架进行了总结，对信息搜集行为和信息使用行为的主要研究成果进行了概括，并在此研究的基础上对新一代用户网络信息行为的未来研究提出建议。② 王艳、邓小昭引入传播学、行为理论和消费社会学等相关学科的研究成果，探讨了网络用户信息行为的内涵、结构、类型、特征、影响因素等基本问题。③ 曹树金、胡岷对国外网络信息查寻行为的研究进展进行了梳理和研究。④ 姚海燕、邓小昭阐述了网络用户信息行为的研究视角和影响网络用户信息行为的因素，如网络用户信息行为研究、信息行为特征研究、心理学研究、影响因素研究等，并提出了网络用户信息行为研究的未来发展趋势。⑤

## 二　网络信息行为的研究方法

曹梅、朱学芳从研究方法学的专业角度入手，将研究策略、数据采集、分析方法三大部分细分为 24 类研究方法，形成了规

---

①　孙玉伟：《用户信息行为研究的理论基础探源》，《图书馆杂志》2011 年第 10 期，第7—12 页。

②　陈成鑫、初景利：《国外新一代用户网络信息行为研究进展》，《图书馆论坛》2010年第 6 期，第 71—75 页。

③　王艳、邓小昭：《网络用户信息行为基本问题探讨》，《图书情报工作》2009 年第 16期，第 35—39 页。

④　曹树金、胡岷：《国外网络信息查寻行为研究进展》，《国家图书馆学刊》2002 年第 2期，第 46—53 页。

⑤　姚海燕、邓小昭：《网络用户信息行为研究概述》，《情报探索》2010 年第 2 期，第14—16 页。

范化的研究方法体系。[①] 李晓丽等提出网络信息用户行为研究的新方法——视线跟踪法，也称眼动研究方法，得出特定的眼动指标，进而用来分析用户心理和用户行为。[②] 目前，在国内外学者中普遍认可的方法是网络日志的搜索，肖明等利用共词分析的方法对 CNKI 数据库中有关用户信息行为进行分析，研究发现，目前中国国内用户信息行为的研究呈现出以用户研究为中心，并涉及"信息素质"教育、信息生态、个性化服务和信息伦理等问题的研究结构。[③] 宋媛媛等基于本体的用户模型，突破了以关键词为基础的用户模型研究模式的局限性，借助概念之间关系组成的知识来表达用户需求。

### 三　网络信息行为的研究对象

有些学者以大学生这一有代表性的用户群为切入点，围绕大学生的网络信息行为展开研究工作。

比如：张晓丽以大学生人格特征的视角，分析了人格特征与网络信息查寻行为的关系，指出应根据大学生的人格特征提供适合其个性的信息查询模式。[④] 翟延祥等以"90 后"大学生为主要研究对象，通过他们的上网方式、时间、目的、实施网络行为的

---

[①]　曹梅、朱学芳：《用户信息行为的研究方法体系初探》，《情报理论与实践》2010 年第 1 期，第 37—40 页。

[②]　李晓丽、黄敏、莫冰：《视线跟踪法——网络用户信息行为研究的新方法》，《图书馆理论与实践》2009 年第 8 期，第 25—29 页。

[③]　肖明、杨楠、李国俊：《基于共词分析的我国用户信息行为研究结构探讨》，《情报杂志》2010 年第 S2 期，第 12—15、26 页。

[④]　张晓丽：《大学生人格特征与网络信息查寻行为的关系》，《西北医学教育》2008 年第 1 期，第 153—156 页。

心态、对网络价值的认知等方面，分析其网络信息行为。[①] 任其翔、王艳妮以大学生为研究对象，进行网络信息行为调查，分析了大学生的网络信息需求和网络信息查询、分析、选择行为，探讨了大学生的网络信息行为规律。[②]

### 四 网络信息行为的影响因素研究

外界的各类影响因素对网络信息行为的产生发挥了重要作用，因此，网络信息行为的影响因素研究有着重要意义。

包敦安等通过精细加工可能性模型及定性研究方法，对影响网络评论信息可信性的因素进行了探测，并建立了相应模型，认为信息详尽度、发帖者级别和社区透明度等因素是用户关注和利用评论信息的主要参考标准。[③] 王艳、邓小昭在现有研究的基础上，引入了传播学、行为理论、消费社会学等相关学科的研究成果，探讨了网络用户信息行为的内涵、结构、类型、特征、影响因素等基本问题，为深入进行网络用户信息行为研究提供了参考依据。[④] 胡瑜等人针对大学生的信息行为进行分析研究，认为影响大学生网络行为的因素，包括信息的组织与表征、Web 经验、

① 翟延祥、金明华、杨琳：《90 后大学生的网络信息行为研究——以南京航空航天大学为例》，《科技情报开发与经济》2010 年第 1 期，第 180—183 页。

② 任其翔、王艳妮：《大学生网络信息行为调查——以武汉大学为例》，《科技情报开发与经济》2010 年第 21 期，第 17—19 页。

③ 包敦安、董大海：《基于 ELM 的网络评论信息可信性影响因素研究》，《现代管理科学》2009 年第 11 期，第 107—109 页。

④ 王艳、邓小昭：《网络用户信息行为基本问题探讨》，《图书情报工作》2009 年第 16 期，第 35—39 页。

查寻任务的类型和策略、认知能力、情感状态等方面。① 严慧英通过对网络信息检索心理结构的分析，结合国内外信息检索行为影响因素实验的结果，认为影响信息检索行为的因素主要表现在需求、性别、性格、知识和经验、年龄等方面，并提出加强检索技能培训、改进网络服务技术等建议。②

## 五  网络信息行为的其他相关问题研究

伴随网络信息行为的产生，也开始出现了一些新问题，亟须治理和解决，以此来维护正常的网络秩序和健康的网络环境，更好地规范网络行为。

朱旭峰、黄珊针对与网络用户信息行为相关问题开展研究，通过对天津市市民的调查研究，分析了电子政务、市民特征与用户信息行为之间的关系。③ 吕艳飞分析了中国城乡青少年网络信息行为存在的差异，探讨了造成差异的可能因素，针对农村地区存在的问题提出了意见和建议。此外，还有学者探讨了由网络购物产生的网络欺诈、经济纠纷；由网络文化产品引发的版权问题；由网络社交引发的公共安全问题等等。④

① 胡瑜:《大学生网络信息查寻心理与行为的研究》,《情报理论与实践》2005 年第 5 期, 第 508—510、505 页。

② 严慧英:《影响网络信息检索行为的主体因素》,《情报杂志》2004 年第 4 期, 第 94—95 页。

③ 朱旭峰、黄珊:《电子政务、市民特征与用户信息行为——基于天津市市民调查的实证研究》,《公共管理学报》2008 年第 2 期, 第 49—57、123—124 页。

④ 吕艳飞:《我国城乡青少年网民网络信息行为比较研究》,《现代情报》2011 年第 11 期, 第 79—81 页。

## 第二节　高校图书馆的服务创新

　　网络信息行为是大学生信息行为的主要的、重要的外在表现。在校大学生基本上是"90后"，是被称为"Ｙ一代"的青年人①，是主要的网络信息使用群体。他们的网络信息行为十分活跃，但他们的网络"信息素质"还有待提高。因此，高校图书馆要对大学生的网络信息行为加以关注和分析，并适时地予以引导和教育。这对于提高他们的网络"信息素质"、规范网络信息行为，有着重要意义。

　　西藏自治区高校图书馆面向的大学生群体，有一半以上是藏族大学生，还有部分其他少数民族学生，所以，西藏自治区高校图书馆应进一步强化和创新网络信息服务模式，发挥西藏自治区高校图书馆的资源优势，加强藏族大学生的网络信息行为研究，提供符合藏族大学生网络信息行为特点的个性化、多样化的网络信息服务，有效发挥西藏自治区高校图书馆信息资源的应有价值，从整体上提升西藏自治区高校图书馆的服务层次和质量。

### 一　加强图书馆的网络资源建设

　　要想提高高校图书馆的网络信息服务质量，提高网站浏览量和网络信息的利用率，加强高校图书馆的网络资源建设是前提和

---

　　① 姜广强：《面对"Ｙ一代"大学图书馆资源配置策略研究》，《图书馆工作与研究》2013年第5期，第75—77页。

基础。应根据用户的信息需求和行为特征，加强网站结构的优化，科学购置和补充网络资源，强化信息导航质量，加强网络信息安全等方面的建设，创建健康、绿色、充满正能量的网络环境。要根据用户的浏览习惯，设计个性化的浏览界面，以界面友好的体验度和网站亲和力来吸引用户。刘勇等人对网络用户对信息的搜寻行为、浏览行为、选择行为及信息的交互行为、评价行为进行了调研和分析，认为高校图书馆应从搭建交流平台、加强信息组织与揭示、构建用户信息行为数据库等方面实施和创新高校图书馆的服务策略。①

### 二　加强人性化、个性化服务，提高用户满意度

高校图书馆应在网络环境下为网络用户提供人性化、个性化服务——构建以用户为中心、功能完备的一站式检索系统，以提高信息的查全率和查准率，并在网站醒目位置设置检索入口；进一步挖掘和强化 OPAC 系统功能及信息整合功能等措施，优化检索结果，加强信息组织与揭示，提高检索效率。同时，要通过对用户的信息行为的分析，进一步完善检索系统，实现用户与系统信息的友好交互，从而提高用户信息检索的满意度。孟静通过分析网络环境下高校图书馆用户信息行为的特点，从提高高校图书馆网络信息服务的工作质量，提供更人性化、个性化的服务等方

---

① 刘勇、徐双、王学勤：《基于网络用户信息行为的图书馆服务创新研究》，《图书馆》2015 年第 3 期，第 82—85 页。

面提出了促进高校图书馆信息行为建设的建议。[①]

### 三　注重网络交互活动，营造轻松愉悦的网络交流环境

高校图书馆应努力为用户提供可以实时在线交流的平台和虚拟环境（如 QQ、BBS、微信、微博、SNS、IM 等），制作友好的交互界面，努力营造友好的交互氛围，提高用户的使用效率和体验乐趣，使用户能随时、随地提出咨询和建议，使用户的疑问和困难能够得到及时的解答和排除。同时，要不断改进高校图书馆网站和网页设计，使网站质量得到不断的提升。

黄曼丽分析了"网络一代"用户信息行为的特征、趋势以及其对图书馆 IC 空间构建和发展的影响，指出 IC 空间构建是一项系统工程，是在用户行为模式导向下建设的，IC 空间的构建不仅需要对网络技术发展的关注和掌握，同样也需要对图书馆自身的 IC 物理空间的关注。[②]

## 第三节　结语

综上所述，高校图书馆作为高校的文献信息交流中心，其加强对在校大学生和教学、科研人员两大主要用户群体的网络信息行为的关注和研究，有着重要的意义。针对他们的不同信息需求

---

① 孟静：《网络环境下高校图书馆用户信息行为略述》，《科技信息》2013 年第 26 期，第 301—302 页。

② 黄曼丽：《基于"网络一代"用户行为研究的图书馆信息共享空间发展》，《河南图书馆学刊》2014 年第 4 期，第 91—92 页。

特点，分析其网络信息行为特征，可以使高校图书馆更好地开展信息服务工作，提升信息服务质量，不断构建和完善网络文献信息资源保障体系和服务机制，强化和创新高校图书馆的网络信息服务模式，满足网络环境下高校师生的信息需求。

# 高校图书馆的职能发挥

# 第十二章　高校图书馆学科化服务现状分析与发展策略

　　学科建设是高校发展的核心内容之一，是高校的一项长期而又艰巨的战略性任务，其发展水平是衡量一所高校办学水平、办学质量的重要标志，是高校办学特色的集中体现。高校图书馆作为高校的文献信息中心，其最重要的功能之一就是服务功能，其价值取向的衡量标准就是服务对象的满足度，就是能否满足高校各专业的广大师生及科研人员对相关信息资源的需求。

　　近年来，随着科学技术的进步和网络信息技术在图书馆领域的广泛应用和快速发展，高校图书馆的服务能力在硬件方面得到了大幅提升。高校图书馆为了顺应高校发展和学科建设的需要，不断更新服务理念，积极创新服务模式，由传统的"等待式"的被动服务模式，开始向"走出去，请进来"的主动服务模式转变。学科化服务就是指高校图书馆为高校的学科建设提供具有专业针对性强、个性化服务突出的重要举措。目前，高校图书馆的学科化服务正逐步深入到高校各个院系的各个专业学科的教学和科研工作之中——主动为专业学科的建设与发展提供专业化的深层服务，对专业学科的发展方向、发展目标、发展动态及最新研究成果等相关信息进行全程跟踪，为学科建设和科研课题的研究提供内容翔实、精准快捷的文献信息服务。

高校图书馆积极开展学科化服务工作，这对高校图书馆自身的发展同样具有深远的意义。学科化服务工作的开展，能够更好地强化馆藏资源建设、提高馆藏资源的利用率、促进高校图书馆参与学科建设、实现服务模式的创新和服务质量的提升。随着学科化服务工作的开展和深入，高校图书馆已日渐成为高校学科教学和科研工作不可缺少的重要力量。

## 第一节　学科化服务的现状与存在的问题

学科是人类在认识和研究活动中针对认识对象而将自己的知识划分出来的集合，是相对独立的知识体系。[①]

学科化服务，就是以学科为基础，以"学科馆员"为核心，并针对用户学科及专业，采用先进的信息技术和网络技术展开的介于信息服务和知识服务之间的一种新型服务模式。[②]

学科化服务的根本是用户信息环境的建构和优化设计，"学科馆员"必须在学术交流的背景之下，从用户的立场和需求出发，协调全馆和各方面的力量，融入一线，嵌入过程，提供学科

---

① 刘献君：《论高校学科建设》，《高等教育研究》2000 年第 5 期，第 16—20 页。
② 宋惠兰：《高校图书馆学科化服务创新研究》，《图书馆学研究》2008 年第 11 期，第 88—89 页。

化、个性化、知识化、泛在化的服务，提升用户的能力，为学科研究提供全方位的信息保障。[①]

目前，很多高校图书馆已经开展了学科化服务工作，并且取得了一定的效果，但是在开展学科化服务的工作过程中，仍然存在着一些问题，主要表现在以下几个方面：

### 一　现有的馆藏文献资源不能满足学科化服务的需要

目前，中国大多数高校图书馆的馆藏结构是以纸质文献为主，同时收藏部分电子文献。馆藏纸质文献大多内容较为陈旧，在文献内容上无法满足学科建设的需要；而现有电子文献在收藏的广度和深度上也有着很大的局限性，给学科化服务带来很大的难度。同时，因纸质文献的载体限制，使检索速度和查全率、查准率受到很大的限制，严重影响了学科化服务的时效性和精准性，使学科化服务应有的优越性和科学性无法很好地发挥出来。

高校图书馆的馆藏建设应紧密结合高校的发展方向和不断增加的学科建设的要求，加强相关学科的文献资源建设，开发网络资源，建立专业网络导航库和专业特色数据库，不断完善馆藏资源结构，尽量缩小馆藏文献资源与学科教学和学科建设、科研需求间的差距。

---

[①]　初景利、张冬荣：《第二代学科馆员与学科化服务》，《图书情报工作》2008 年第 2 期，第 6—10、68 页。

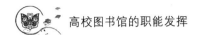

## 二 高校图书馆与所服务的高校院系之间缺乏及时有效的沟通，使学科化服务工作不能长期有效地坚持下去

学科化服务工作是一种新型的服务模式和服务机制，是一个持续且不断深入的服务过程。学科化服务工作作为高校教学和科研工作的重要组成部分，其工作开展的力度和服务的效果还远远不够。由于高校图书馆自身的宣传力度不够，其与所服务院系之间没有建立起有效的沟通渠道，致使各院系对高校图书馆开展的学科化服务工作的性质和内容不够了解，甚至根本就不知道高校图书馆有这个服务项目。另外，由于高校图书馆所服务院系的广大师生和科研人员对此项工作缺乏充分的重视和配合，导致"学科馆员"与各院系的教师和科研工作人员之间无法建立科学有效的联系，使服务与需求无法紧密衔接。由此，就导致学科化服务不能长期有效、系统深入、有计划地开展，无法形成一定的服务规模，且在短期内，是很难看到实质性的服务效果的。

## 三 学科化服务工作的深度不够，不能突显学科化服务的价值和作用

无论多么优质的服务，都需要拥有认可服务、接受服务的对象，否则服务的高质量就无从体现。服务和需求的关系是辨证的关系，是相辅相成的，学科化服务工作也同样离不开其服务对象。目前，由于用户咨询的问题大部分停留在浅层次的参考咨询层面，因此学科化服务主要集中在学科文献信息的荐购方面，而对教师的科研工作参与较少，无法发挥学科化服务应有的专业优

势。"学科馆员"不能真正地融入学科的专业研究中，服务工作很难深层次的进行下去，服务质量也就很难提高。

## 四 "学科馆员"的专业素质与学科化服务工作的要求存在差距，使学科化服务的质量受到制约

拥有一支既掌握学科专业知识，又精通图书馆学知识的高素质的学科化服务团队，是高质量地开展学科化服务的前提和保障。

目前，许多高校图书馆的"学科馆员"人才缺乏，"学科馆员"的素质与学科化服务的要求之间存在很大差距，服务团队人员之间的协调合作程度也直接影响了学科化服务工作的开展，诸多因素严重阻碍了学科化服务的深入进行。因此，提高"学科馆员"的素质与能力、充实壮大"学科馆员"队伍，就成为做好学科化服务的首要任务。通过高素质的"学科馆员"的服务，最终实现通过学科化的智能服务平台向用户提供系统的、全面的学科化服务①，是高校图书馆的奋斗目标。

## 五 学科化服务机制不健全，以致学科化服务工作不能科学有效地开展下去

目前，大多数高校图书馆在开展学科化服务的同时，缺乏相应的工作制度和技术标准，只是在形式上效仿其他图书馆的作

---

① 郭瑞芳：《新信息环境下学科馆员与高校重点学科服务》，《农业图书情报学刊》2009年第 7 期，第 236—239 页。

法，而在实际工作中却遇到种种问题和困难，无法开展工作；即便是仓促开展起来，也不能达到预期的服务效果，使得学科化服务工作处于名不副实的尴尬境地，高校图书馆的服务工作，有许多依旧是以文献检索、参考咨询、读者培训等内容为主，还不能提供深层次、专业性、高质量的学科化服务。

## 第二节　学科化服务工作的发展策略

　　学科化服务在一定程度上满足了高校师生的文献信息需求，但是，学科化服务要想有更大的发展，就必须在学科化服务过程中，加强与院系师生间的合作和交流。学科化服务工作应针对具体的学科专业，突出服务内容的学科专业性。否则就谈不上什么学科化服务，就只能是一般意义上的参考咨询服务而已。学科化服务工作若要打破僵局，就必须从根本上改变服务理念，创新服务的模式和方法，为读者提供多种服务途径，以适应不同层次、不同类型的用户群。例如：通过电话、E-mail、QQ等途径，及时与读者互动和交流，发送服务信息和回收反馈信息。在提供学科化服务的过程中，应根据用户的需求、意见等反馈信息，不断改进和完善学科化服务的工作以及方法和服务体系。一般来说，学科化服务工作开展得较好的图书馆通常具备以下几种因素：首先，用户具有较强的信息意识和信息能力，具备较高的专业素质。其次，"学科馆员"的学科专业素质较高，能够较好地满足用户的学科专业需求，并且塑造了良好的服务形象、赢得了用户的信任和依赖。因此，笔者认为，要做好学科化服务工作，谋求更大的发展，就要做好以下几个方面。

## 一  学科化服务策略：准确把握和认识学科化服务工作的特点

一是要针对性强。学科化服务的主要服务对象是专家、教授或学科带头人，要尽可能全面地了解和掌握他们所需的学科信息服务。二是要发挥主动性。"学科馆员"担负着为学科建设全程服务的资源保障和资源利用效率的双重责任，"学科馆员"必须增强工作主动性，加强与用户的联系，特别是要加强与相关学科的学术带头人的联系，了解他们的信息需求和服务要求。三是要发挥创造性。"学科馆员"必须发挥主观能动性和创新精神，拓宽服务思路，最大限度地满足用户的文献信息需求，要及时跟踪学科的国内外学术发展动态，共同探讨学科资源建设方向和信息服务项目，通过信息的检索、获取、分析研究、组织整理、服务于用户，逐步提供以学科建设为中心的、主动的、有预见性的学科化信息服务。

由于"学科馆员"工作多是兼职，这使得"学科馆员"的兼职者大多"文武双全"，在具备学科专业知识的同时，兼具图书馆学专业知识、图书情报学知识及信息技术知识，这就为学科化服务工作的顺利开展提供了得天独厚的条件，使他们能够深入学科化服务工作，参与学科建设，对庞杂的海量信息进行去粗取精、去伪存真，从而筛选出优质信息，在提供文献服务的同时，提供学科信息跟踪与学科发展态势分析服务，从而在学科建设中发挥重要作用。

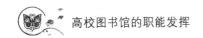 

## 二 资源建设策略：服务学科建设，创建专业特色资源库

高校图书馆要根据学科建设提出的要求，了解他们的教学、科研进展情况和学术活动开展情况，广泛收集对口学科的文献信息需求情况，熟悉本馆的资源现状，有针对性地制定科学的、可行的服务计划。要建立学科化服务档案，创建学科建设所需要的特色资源库。这样做既可以保障学科建设的需要，也能够对特色信息资源库中的文献信息资源加以科学的管理。要关注本学科领域的国内外研究动态，跟踪学科建设、科研课题的进展情况，及时更新和完善信息资源库的建设，更大范围地发挥信息资源的作用，为读者提供全面、系统、高层次、创造性的研究型服务。①

## 三 人才培养策略：培养优秀的"学科馆员"，加强学科化服务团队建设

学科化服务团队建设，是保障学科资源建设可持续发展的关键。"学科馆员"岗位的特殊性，要求他们必须全面掌握高校图书馆的各种知识，熟练掌握学科建设的信息资源状况。因此，加强团队人员的教学能力、公关能力、语言表达能力和信息技术能力，都是"学科馆员"不可缺少的基本技能。此外，学科化服务团队成员之间的协调工作对学科化服务的成效也至关重要，成员之间的密切配合、相互支持、协同工作，是学科化服务质量的保证。

---

① 雷念平：《学科馆员服务高校学科建设的对策研究》，《情报探索》2010 年第 6 期，第 36—38 页。

"学科馆员"应根据本学科的国内外研究动态，负责组织本学科馆藏文献资源的搜集与采集，对本学科的学术专著、学术期刊、学术会议文献、学位论文等文献资源，进一步归纳整理，归档备查。还应该从网上搜集、筛选、整理本学科的学术信息，建立与充实本学科的资源信息库，定期开展形式多样的有关本学科馆藏资源利用情况的调研，撰写调研分析报告，促进本学科馆藏资源建设的优化。

### 四　质量考核策略：制定科学的考核评价体系，做好学科化服务的工作质量评价

中国的"学科馆员"制度还处于探索阶段，还没有一套成熟的、可供借鉴和学习的考核评价体系。因此，以什么标准来进行考核、怎样考核，也是高校图书馆所面临的一个重要问题。笔者认为，可将"学科馆员"服务内容加以分类管理，对各个类别的工作制定量化标准，设定评价指标。同时，可将服务对象的满意度加入评价体系，以推动"学科馆员"制度的完善和实施。

"学科馆员"工作是一项具有很强专业性的工作，在时间上应给予充分的保障，要努力给"学科馆员"创造有利的工作条件，进而保证学科化服务的质量。

### 五　用户教育策略：加强信息服务宣传和用户"信息素质"教育

"信息素质"教育是提高用户信息能力的重要途径。目前，少数高校师生和科研人员缺乏信息查询的基本知识和检索技能，

这极大地降低了馆藏资源的利用率，也在一定程度上制约了学科化服务工作的发挥。因此，高校图书馆应建立以提高用户"信息素质"为目标的培训机制，通过专题讲座、短期培训、网上教学、实时在线咨询等方式，大力宣传包括馆藏信息资源的介绍、馆藏资源的检索方法、各种电子数据库的使用方法等信息技能，使用户充分了解、熟练掌握和使用高校图书馆的资源和服务。①

# 第三节　结语

专业学科期刊阅读室（照片提供李皎琳）

学科化服务是一种崭新的服务模式，学科化服务工作的成效将直接影响高校图书馆在高校中的地位。良好的学科化服务是高校图书馆创新服务、深化服务的必然趋势。高校图书馆应该努力优化学科化服务策略，提升学科化服务质量，为高校信息资源需求提供有力地保障，使学科化服务逐步成为一种制度，充分地满足我国高校发展和学科建设的需要。

---

① 余丽清：《学科馆员深入院系开展学科服务途径探析》，《网络财富》2010 年第 9 期，第 172—174 页。

# 第十三章 高校图书馆的"学科馆员"建设

随着信息时代的到来，知识的更新越来越快，高校各个学科的教学与科研工作及学生对新知识、新信息的需求日益迫切。高校图书馆作为学校的文献信息中心，担负着为教学和科研服务的重要任务。高校图书馆应转变服务理念，积极应用现代信息技术，开拓创新服务模式，开展在某一领域、某一学科的学科化、专业化、个性化服务，更好地为教学和科研服务，更好地发挥信息职能和教育职能。

## 第一节 "学科馆员"制度的兴起与发展

所谓"学科馆员"，是指了解乃至精通某一学科或几个学科知识，并为该学科用户提供相关信息服务的图书馆馆员。[1]"学科馆员"是同时具备某个学科的专业知识以及图书专业知识和技能

---

[1] 胡大敏、殷曦、周玉坤：《网络环境下，大学图书馆"学科馆员"制度的完善及深远意义》，《现代情报》2006年第10期，第117—119页。

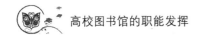

的复合型人才，其具有一定的学科知识，能够科学地组织学科信息资源，提供学科信息服务。

"学科馆员"制度最早出现在美国和加拿大。1950年，美国的内不拉斯加大学图书馆首先设立分支图书馆并配备"学科馆员"，这是"学科馆员"制度最早、最正式的建立。1981年，美国卡内基梅隆大学图书馆推出了这一服务，并称之为"跟踪服务"。美国、加拿大及西欧国家部分研究级大学图书馆也相继推出了"网络化馆员免费导读服务"等"学科馆员"式服务模式，这种服务通常由具有某一学科背景的参考馆员担任。在一般情况下，一个"学科馆员"负责一个院（系）的工作，具体目标为：加强高校图书馆与学术单位合作，探讨一种协作模式，以加强高校图书馆的指导。①

"学科馆员"制度在中国国内起步较晚。近年来，中国部分高校图书馆吸收、借鉴国外图书馆"学科馆员"制度的成功经验，结合本校实际，先后实施了相应的"学科馆员"制度建设。

1998年，清华大学图书馆率先实行"学科馆员"制度，它标志着这一国际图书馆界公认的先进的工作方式正式被引入中国的大学图书馆。②随后北京大学、武汉大学、西安交通大学、东南大学、南开大学、厦门大学等高校也相继实行了"学科馆员"制度，并取得了一定的成效。"学科馆员"制度的实施和完善，

---

① 夏建民：《关于高校图书馆建立学科馆员制度的思考》，《图书馆学刊》2006年第4期，第56—57页。

② 彭艳：《对学科馆员工作职责和发展定位的思考》，《大学图书馆学报》2006年第5期，第96—99页。

在一定程度上推动了高校图书馆工作的创新和发展。

## 第二节　高校图书馆建立"学科馆员"制度的必要性

在网络环境下，高校图书馆的服务重点已经从传统的一般性服务向信息资源服务转移，服务方式由被动变为主动，以满足读者越来越高的学科化、专业化、个性化需求，更好地服务于教学和科研工作。因此，"学科馆员"制度的建立势在必行，"学科馆员"制度是以学科为对象而建立的对口服务模式——可以与学校的学科专业相协调，并与对口学科专业的读者建立广泛深入的联系，解答读者咨询，提供令读者满意的文献信息服务；可以深入了解读者对高校图书馆资源建设的需求和建议，强化和完善高校图书馆的学科信息资源建设，从而推动高校图书馆各项工作的全面发展。

### 一　建立"学科馆员"制度，是促进高校图书馆文献信息资源建设和开发利用的需要

由于传统服务的层次和能力的限制，高校图书馆大量的专业文献资源长期处于闲置状态，而读者又找不到适合的文献信息，严重阻碍了文献资源的价值发挥。网络技术的发展和知识载体的多样化，开辟了高校图书馆馆藏的新领域。高校图书馆的文献资源的价值在于利用，资源建设需要一个良性的互动机制，才能充分发挥信息资源的价值和作用。

当前，高校图书馆传统的以纸质型文献为主的馆藏建设模

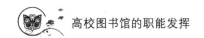 

式，已逐步转变为现实馆藏与虚拟馆藏并存的状况，同时，更加注重电子资源与网络信息的收集整理工作。高校图书馆大多改变了以往对文献资源拥有量的过分强调，更加注重对资源的获取和利用。随着科学技术的发展，高校图书馆的资源建设也在不断扩展，电子文献、网络信息资源和各种二次、三次文献数据库的不断增多，使高校用户面对形式多样的信息源，无从下手，无法获取有价值的信息，致使高校图书馆花费大量资金购买的数字资源，难以发挥其应有的作用。其中一个重要的原因就是馆藏资源与信息需求者之间不能进行科学地沟通与交流，"学科馆员"则有效地填补了这一缺口，能够很好地展示馆藏资源，对有价值的信息进行深层次的开发和利用，使高校用户及时获取相关信息，使宝贵的馆藏资源得到充分的利用。

## 二　建立"学科馆员"制度，是高校图书馆转变服务观念，开展专业化与个性化知识服务的需要

网络的发展和普及，为读者提供了广博的文献信息资源。高校用户对高校图书馆的要求，也不再是一般的、简单的文献服务，他们更需要专业化、个性化的知识服务。高校图书馆的服务观念，也因此发生了巨大转变。新的服务观念，坚持了"以人为本"的原则，充分考虑到高校读者的意愿和特点，以方便查找、利用文献信息为出发点，体现了"读者至上"的服务思想。所以，在一定程度上说，"学科馆员"制度是高校图书馆服务观念转变的产物。

在当今信息技术飞速发展，各种信息载体形式急剧增加，网

络信息资源空前丰富的形势下，以往那种传统的、被动的服务模式已无法满足高校读者日益强烈的信息需求。而高校图书馆"学科馆员"制度的应运而生，正是顺应了时代的要求。

## 三　建立"学科馆员"制度，是满足高校教学及科研要求、加强学科建设的需要

高校图书馆在为教学服务的同时，还应密切配合学校的科研和学科的发展需要，并以此作为图书馆资源建设的重心。高校各院系学科的建设发展离不开文献信息资源的保障，对文献信息的需求具有学科性、专业性的鲜明特点。为此，建立一种全新的服务机制，就显得十分必要。建立"学科馆员"制度，就是要组织一批具备对口学科知识、熟悉对口学科文献信息资源的图书馆员，分别承担对口学科的深层次的信息服务工作，以有效地为对口院系提供信息服务、为院系的学科建设和发展提供资源保障、给重点科研项目提供全程跟踪式定题检索服务、为对口学科的科研立项和科技查新提供及时准确的检索服务。高校图书馆在最大限度地满足高校读者、满足教学与科研工作的同时，还应加强高校各学科专业文献信息的深层次开发和利用。

## 四　建立"学科馆员"制度，是高校图书馆馆员自我发展的需要

近年来，高校图书馆工作人员在逐步年轻化，他们需要在较短的时间内，熟练掌握文献信息工作的基本知识与技能，还需要具备较高的外语水平。在此基础上，进而加强在对口学科专业领

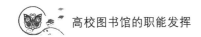

域的学术水平，联系对口院系的教学、科研实际，紧密结合教学课程和科研项目，开发信息资源，真正为教学科研起到信息导航作用。因此，"学科馆员"工作的起点高、难度大。建立"学科馆员"制度，能够促使"学科馆员"加强对具体学科专业领域内的文献信息研究，有利于高校图书馆对各学科专业文献信息的深层次研究、开发和利用，使高校图书馆的信息服务有机地融入高校教学和科研工作中，从而提高高校图书馆的服务质量和学术地位，同时也可以培养和锻炼一支高素质的人才队伍，起到稳定队伍、培养人才的双重作用。总之，"学科馆员"制度的推行，可以进一步提高高校图书馆馆员的综合素质，推动高校图书馆各方面工作的协调发展。

## 第三节　提高"学科馆员"的业务素质与工作能力

建设"学科馆员"制度是高校图书馆拓宽服务范围、深化服务层次、提高服务质量的重要举措。作为一名高校图书馆的"学科馆员"，必须树立"不断进取，终身学习"的服务理念。"学科馆员"必须具有四个方面的素质。

### 一　具备丰富的图书馆学与文献学基础知识

"学科馆员"必须具备图书馆学、文献学、信息学等方面的基础知识，熟悉图书馆的馆藏资源，熟练掌握各项业务技能和各类检索工具的使用方法。这是做好本职工作的基本前提。"学科馆员"还要拥有较宽的知识面，对跨学科、交叉学科、边缘学科、新兴学科要有浓厚的兴趣。要努力提高自身对信息反应的敏锐性及对信息的组织加工能力，对文献内容要有较强的分析、判断能力，能认真加以研究并进行知识整合，能够在繁杂的原始信息中鉴别、筛选、提取、整理出有价值的信息。要努力掌握网上资源的搜索与获取方法，了解并熟练利用国内外的专业数据库，能够对有价值的文献信息进行深层次的开发和利用，熟练编制二次、三次文献，从而形成适合读者需要的、便于读者利用的信息产品，为教学科研活动提供参考。要努力将高校图书馆宝贵的文献信息资源与现代信息技术进行完美的结合，开展形式多样、优质贴心的信息服务工作。

### 二　具备扎实的专业知识

高校图书馆"学科馆员"的服务对象大多以专业教授和科研人员为主，他们咨询的问题带有很强的专业性。因此，"学科馆员"必须具备深厚的对口学科知识底蕴——要掌握一定的专业知识，熟悉对口学科的研究历史、现状和发展趋势，关注对口学科的国内外最新学术发展动态，以及主要学术流派、代表论著、新观点等热点问题。这些都是分析和理解对口学科读者信息需求的前提和基础。

要想胜任"学科馆员"的工作，首先必须要具备一定的学科专业知识。专业知识越精深，信息判断的准确性越高，信息的吸收能力越强，才能更好地搜集有价值的信息。其次必须通过不断的学习来提高自己的学科知识水平及咨询服务工作的能力，要耐心地与学科读者沟通，深入地进行学术上的交流和探讨，准确全面地掌握他们的信息需求，为读者提供优质高效的信息服务，真正起到学科"引路人"和信息"导航员"的作用，使"学科馆员"信息服务的专业性、学科性得以充分体现。

### 三 具备敏锐的信息意识

科学技术不断进步，信息量飞速增长，这就要求"学科馆员"必须具有敏锐的信息意识，在形形色色的信息源中去粗取精、去伪存真，进行科学有效地筛选，开发出有价值的信息，并能够从有价值的信息中分辨出读者所需的核心信息。因此，信息意识的强弱直接关系到信息能力的发挥，关系到服务质量的优劣。

### 四 具备良好的职业道德和创新精神

"学科馆员"要树立正确的世界观、人生观、价值观。要树立不断进取、刻苦钻研的学习理念，培养良好的职业道德和高度的责任感，发扬爱岗敬业、乐于奉献、勇于创新的精神，树立全心全意为读者服务的观念。要细致了解读者的课题方向、学术进展等情况，明确他们的信息需求，结合馆藏资源，发挥主观能动性和开拓创新精神，不断学习新知识，研究新问题，注重工作思路和工作方法的创新，通过自身的不断学习来提高学科知识水平以及咨询服务工作的能力。要努力适应现代信息技术不断更新和学科迅猛发展的需要，积极主动地为读者提供优质的文献信息服务，使自己真正成为图书馆与读者之间的桥梁和纽带。

# 第四节　强化"学科馆员"队伍的建设

高校图书馆建立和实行"学科馆员"制度，应首先根据高校教学和科研发展的方向以及重点学科的建设等实际情况，建立和培养一支知识结构合理、业务能力过硬的"学科馆员"服务团队，"学科馆员"服务团队的成员之间必须各有专长，以达到优势互补的作用，从而在知识结构、业务素质、现代信息技术的能力等方面，不断提高和完善"学科馆员"的服务功能。

### 一　创建良好的人才培养机制

面对"学科馆员"人才匮乏的现状，高校图书馆"学科馆员"队伍的建设，要注重可持续性发展，要强化自身的"造血功能"，形成良性循环的发展态势。因此，高校图书馆应首先从本馆内部发现人才，可根据人员的工作能力和专业背景，有针对性地选择若干名业务素质较高、工作能力较强的同志，作为"学科馆员"的培养对象。针对这些人才的专业特点进行培养，使他们不仅具备丰富的图书馆学专业理论知识，同时还具备较高的对口学科的专业知识。此外，要进行外语知识特别是对口学科的专业英语知识的培养，从而达到相应的对口学科的专业英语水平。还要掌握计算机、网络技术等自动化管理知识，熟悉并掌握对口学科的各种专业数据库的使用方法，为对口学科用户提供全方位的文献信息服务。

高校图书馆在自身积极培养人才的同时，还可鼓励他们攻读

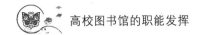

第二学位，通过委托培养等多种形式，使这些人才顺利转化为合格的"学科馆员"，以满足为各学科配备"学科馆员"的需要。

### 二　创建科学的人才引进机制

高校图书馆要有针对性地引进人才，加大高层次专业人才的引进力度。这是充实和壮大"学科馆员"队伍的快捷办法。应根据重点学科建设和科研、教学的实际需要，引进掌握对口学科专业知识和图书馆学专业知识的人才，以强化"学科馆员"队伍人才的补充和知识结构的完善。这是"学科馆员"制度深入持续发展的重要保障。

### 三　聘请教师做兼职"学科馆员"

在建立科学完善的"学科馆员"制度过程中，如果能够得到高校各相关院系的支持和帮助，将收到事半功倍的效果。高校图书馆应及时与各相关院系进行沟通和联系，由各相关院系推选一名热心图书馆事业、全面了解该院系科研工作现状及学科发展方向的资深教师作为兼职"学科馆员"，负责向高校图书馆提供该院系的学科研究动态及信息需求，并配合高校图书馆的专职"学科馆员"开展相关的信息服务工作。

### 四　建立科学的考核制度

高校图书馆的馆领导应制定出一套关于"学科馆员"工作岗位的具体管理模式和考核办法。制定"学科馆员"岗位职责，明确工作目标。"学科馆员"一经确认，应该签订目标责任书，进行阶段性考核，将服务质量作为考核和激励的重要依据，使"学科馆员"在明确岗位职责的基础上，充分掌握对口专业的文献资源状况及教学科研现状和发展方向，提出工作计划，并在工作中不断优化和制定出新的工作计划，从而不断提高服务工作的质量，深化服务层次，全面提升高校图书馆在高校的学术地位。

## 第五节　结语

综上所述，"学科馆员"是知识经济的产物，"学科馆员"制度的建立，是高校图书馆在信息时代拓宽服务范围、深化服务层次的重要举措，是沟通高校图书馆与读者的桥梁和纽带，真正体现了"以人为本"的个性化服务理念，是对高校教学和科研工作的文献信息需求的强有力的保障，能够有效地促进高校教学与科研工作的进步和重点学科的发展。"学科馆员"制度的建立，极大地调动了高校图书馆工作人员的主观能动性和开拓创新精神，充分发挥了信息咨询员的导航作用，促进了高校图书馆事业的全面发展。

# 第十四章　高校图书馆与大学生
# "信息素质"教育

伴随着网络信息技术的飞速发展，人们开始步入了一个全新的信息时代，信息已经成为社会、经济发展的命脉，社会信息化、产业信息化，已成为全球性的发展趋势。在当今的信息社会，信息技术的发展对 21 世纪的创新人才的基本素质提出了更高、更新的要求，由于现代化信息在产生、存储、传播和利用等方面都与传统的文献信息存在着质的差异，使个人"信息素质"逐步成为信息社会的个人综合素质的重要组成部分，大学生的"信息素质"教育问题已经突出地摆在每一位高校教育工作者的面前。

高校图书馆作为高校教育的重要基地，担负着培养跨世纪人才的历史重任。要适应时代的要求，就必须凭借高校图书馆特有的信息资源优势，发挥高校图书馆不可替代的重要作用，加强培养在校大学生的"信息素质"——要努力增强他们的信息意识，提高他们的信息技能，使他们具备较高的收集和利用文献信息的技能和良好的信息道德观念，以适应信息社会发展的需要。因此，高校图书馆在培养大学生"信息素质"的教育中，理应成为

"信息素质"教育的主要承担者，为培养符合时代要求的合格人才做出自己的贡献。

# 第一节　"信息素质"的概念与内涵

"信息素质"（Information literacy）这一概念，是由美国信息产业协会主席波尔（Paul Zurkowski）在1974年给美国政府的报告中提出来的。他认为"信息素质"就是人们在工作中学习信息技术、利用信息技术解决问题的能力。[①] 1989年，美国图书馆协会正式给"信息素质"下的定义为：要成为一个有"信息素质"的人，他必须能够确定何时需要信息，并已具有检索、评价和有效使用所需信息的能力。[②] 我们知道，一个人的素质主要包括两个方面：一是智力和能力，二是道德修养。而"信息素质"的内涵是十分丰富的，主要包括信息观念、信息意识、信息能力、信息道德等方面的内容。"信息素质"是适应信息社会的必要条件，更是当代大学生所必须具备的基本素质之一。"信息素质"教育，不只是单纯注重培养大学生对文献信息的检索技能，还要注重培养大学生对现代信息环境的准确理解和快速判断以及自觉运用信息的能力。所以，在大学生中开展"信息素质"教育有着极其重要的作用，对于大学生、对于我们的教育体制、对于我们的民族

---

[①]　刘艳明：《发挥高校图书馆优势，做好信息素质教育》，《情报教学》2004年第3期，第197—199页。

[②]　关镜玉：《试论高校图书馆与大学生信息素质教育》，《辽宁师范大学学报》2002年第3期，第31—32页。

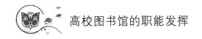

后代，都有着极其深远的影响。

高校的"信息素质"教育是重在培养和提高大学生的信息意识、信息能力、信息道德等方面的一系列教育活动，它能挖掘大学生的潜力，激发大学生的智慧，是高校文化素质教育的有机组成部分，更是大学生综合素质教育的重要组成部分。高校图书馆在对大学生进行"信息素质"教育的过程中，具有重要的作用，是主要的承担者。

### 一　信息意识素质

信息意识素质主要是指人们对信息需求的自我意识——包括对所需信息是否具有敏锐的观察力，对信息的价值是否具有准确的判断力。信息意识素质对一个人的成败具有十分重要的决定作用。信息意识素质较高的人，十分重视信息的获取和利用，对瞬息万变的信息能加以认真地关注，并能够及时从中发掘有效信息，进而把握稍纵即逝的机会并取得成功。相反，信息意识素质低、信息意识淡薄、不重视信息的收集与利用，就会使大量的宝贵信息从身边溜走，坐失良机。因此，信息意识素质的高低在很大程度上决定着一个人的社会生活能力和工作能力。没有较强的信息意识素质，就没有熟练的现代化信息检索技能，也就无法在有限的时间内获取有效的信息，更无法适应时代的要求。所以，高校图书馆要根据在校大学生的实际特点，对大学生进行信息意识素质培养，从而激发他们的信息需求意识进而能够将信息需求准确、完整地表达出来，并能够将其转化为信息实践活动，从而在纷繁复杂的"信息库"中发掘出有价值的信息。

## 二 信息能力素质

信息能力素质是"信息素质"教育的主要内容，主要包括现代信息技术的应用能力和熟练程度，信息的检索、查询、鉴别和获取的能力以及对所收集的信息加以提炼、分析、综合和组织的能力。信息能力素质不同，所获取信息的数量和质量就不同，信息所产生的价值和效果就不同。当代社会信息数量的急剧增加，使许多宝贵的信息被淹没在浩瀚的信息海洋中，致使所需信息的查找和利用的难度越来越大。信息技术的迅速发展，要求当代大学生必须掌握先进的现代化信息技术，提高运用现代信息工具快捷、高效地获取和使用信息的能力。因此，信息能力素质就成为当代大学生必须具备的重要素质之一。高校图书馆应发挥信息技术优势，积极开展网络知识教育和检索技能的培训工作，使大学生能够掌握现代信息技术的基本技能，并与文献检索和现代化网络检索技术的实际操作结合起来，培养大学生熟练应用和驾驭信息技术的能力。

## 三 信息道德素质

信息道德素质是指整个信息活动中的行为规范，是调节信息加工者、信息传递者及信息使用者之间的相互关系的行为规范的总和。① 它包括保护知识产权、尊重个人隐私、抵制不良信息等

---

① 刘艳明：《发挥高校图书馆优势，做好信息素质教育》，《情报教学》2004 年第 3 期，第 197—199 页。

等。在信息技术高度发达、信息数量极度密集的当今社会，信息的质量良莠不齐，当代大学生如果不具备一定的信息辨别能力，当其置身于日益复杂的信息环境之中时，就会迷失方向，无所适从。因此，高校开设"信息素质"教育，就是要引导大学生培养良好的信息道德，树立完备的知识产权保护观念，规范和约束自我的信息行为；高校开设"信息素质"教育，还要提高大学生对各类信息的识别能力，自觉辨别信息的真假优劣，增强对不良信息的抵御能力。

## 第二节　高校图书馆在大学生"信息素质"教育中的地位和作用

在中国，"信息素质"教育是近几年提出来的一个概念，起步较晚，发展缓慢，中国高校大学生的"信息素质"教育远远落后于西方的发达国家，"信息素质"教育亟待加强。高校图书馆所特有的文献信息资源、信息技术等优势，决定了它在高校"信息素质"教育中的重要地位。要使"信息素质"教育达到较好的效果，就要充分发挥高校图书馆的辅助教育职能。中国著名教育家蔡元培先生曾经说过："教育不专在学校，学校之外还有许多场所，第一是图书馆。"一些发达国家将学校与图书馆视为"同一辆车上的两个轮子"。[1] 教育部于 2002 年 2 月重新颁布的《普

---

[1] 侯绪庆：《论高校图书馆与大学生素质教育》，《高校图书馆工作》2000 年第 1 期，第 72—73 页。

通高等学校图书馆规程（修订）》中规定："高等学校图书馆是学校的文献信息中心，是为教学和科学研究服务的学术性机构，是学校信息化和社会信息化的重要基地。高等学校图书馆的工作是学校教学和科学研究工作的重要组成部分。"① 由此不难看出，高校图书馆不仅是高校教学和科研的文献信息资源保障，更是大学生深入学习的第二课堂，是专业课堂教育的延续和发展。这两者都有着同样重要的地位和作用。

长期以来，中国的高等教育基本上都是以学校教育为主，以应付考试为最终目的，大学生在学习过程中完全处于被动的地位——被动地接受课堂上单一书本知识的灌输，很大一部分大学生在校期间只是埋首于成堆的教科书中，局限于有限的书本知识——这样培养出来的大学生广泛缺乏学习的个性和知识理论的创造性。许多大学生的信息意识十分淡薄，他们不重视、更不懂得利用高校图书馆来充实所学的专业理论知识。对与本专业相关的大量宝贵的文献信息，由于信息意识的淡薄，置若罔闻，对于本学科的现状、最新学术动态及发展趋势，更是无从顾及，从而导致了他们专业知识面和思路的狭窄，无法向更深、更专的领域做进一步的学习和研究。因此，高校对大学生的"信息素质"教育已迫在眉睫。

高校的"信息素质"教育，有利于提高大学生的综合素质，使大学生的综合素质得到全面优化与完善，并使之全面协调发

① 黄洁：《论大学生信息素质教育对高校图书馆读者教育工作的影响》，http：//www.zslib.com.cn/xuehui/2003lw/黄洁的论文.doc。

展。所以，"信息素质"教育也是大学生素质教育的一个重要组成部分。加强大学生的"信息素质"教育，是社会赋予高校图书馆艰巨的时代职责和光荣的历史使命。作为高校三大支柱之一的高校图书馆，是大学生"信息素质"教育的重要力量。在深化教育改革，全面推进素质教育的过程中，高校图书馆应发挥信息资源、信息技术、专业人才等方面的巨大优势，积极投入到大学生"信息素质"教育的工作中，强化大学生的"信息素质"教育，提高他们的信息能力，增强他们的信息意识，充分发挥高校图书馆在高校大学生"信息素质"教育中无可比拟的作用。

### 一 高校图书馆具有开展"信息素质"教育的资源优势

高校图书馆是学校教学与科研的信息资源中心，其所拥有的种类齐全、内容丰富、系统完整的文献信息资源，为其在大学生中开展"信息素质"教育打下了坚实的"物质"基础。这也是高校以外其他任何教育机构所无可比拟的。随着数字技术的逐渐完善和网络技术的发展壮大，大部分高校图书馆逐步实现了文献信息资料的数字化、信息传递的网络化和检索方式的自动化。近年来，各大高校图书馆为了适应信息时代的发展需要，在信息资源的形式和内容上，更加注重电子出版物的收集和引进，其所涉及的电子出版物的种类很多，包括电子图书、电子期刊、电子化的书目数据等等，极大地丰富了馆藏，同时也加强了各高校图书馆之间以及与其他类型的图书馆、新闻单位、出版社等机构之间的密切联系，在很大程度上扩充了高校图书馆的信息来源和馆藏信息的结构与内容，使高校图书馆收藏的信息更为系统、完整、全面。为大学生的"信息素质"教育提供了强有力的文献信息资源保障。

### 二  高校图书馆具有开展"信息素质"教育的技术优势

目前，大学生的"信息素质"水平高低不齐，有些大学生信息能力较差，有的甚至不知如何使用图书馆，面对先进的自动文献检索工具，一片茫然，不知从何下手。很多大学生来到高校图书馆就如同进了知识的迷宫，淹没在浩瀚的信息海洋中，感觉信息的查找就像"大海捞针"，这在很大程度上压制了大学生学习的兴趣和积极性，阻碍了大学生的能动性和创造性的发挥。

针对大学生"信息素质"较低的现状，首先，应积极建立与完善高校图书馆的计算机信息网络系统，重视高校图书馆的自动化网络系统建设，创建友好的用户界面，提供优质的人文服务——其中包括文献检索系统、光盘检索系统、国际检索系统、网上查询系统以及电子阅览室等等，努力扩大信息服务的广度和深度。其次，在数据库的建设方面，要在建设高校图书馆书目数据资源库和特色数据库的同时，在与校园网、局域网以及中国教育科研网等相联的同时，积极参与联合建库工作，努力加入全国范围的数据资源共享体系，进而与国际信息检索系统建立连接。要不断更新信息资源，为大学生的"信息素质"教育提供先进的信息技术条件，为大学生提供广阔的信息搜索空间，扩展他们的学科信息的覆盖面，以满足他们专业知识和综合素质全面发展的需求，并更好地服务于教学与科研。

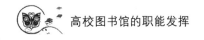

### 三　加强"信息素质"教育的对策和方法

长期以来，高校图书馆的"信息素质"教育仍处于文献检索与利用的初级阶段，有些在校大学生不能充分地利用高校图书馆，无法通过多种有效的检索途径，获取所需的文献信息资料。

高校图书馆要结合在校大学生的特点，联合学校的相关职能部门，开展生动活泼、形式多样的信息活动——举办专题讲座、报告会，组织实地参观、培训等，以此来提高他们利用信息知识的自觉意识，调动他们信息需求的积极性，激发他们的创造力，使高校图书馆真正走进大学生的心中。文献检索课是大学生"信息素质"教育的重要课堂，为了提高大学生的文献检索能力，高校图书馆应积极倡导学生有效地使用信息检索系统，通过授课，使学生掌握现代信息检索的基础理论知识和现代化的检索方法，了解各种媒体资料的形式、特性和使用方法。在此基础上，还要加强光盘检索、数据库检索和网络检索技能的培训，指导学生如何确定检索主题，如何选择检索途径、检索语言和检索入口，以及如何在检索过程中及时地调整检索策略和分析检索结果，从而进行全面、准确、科学的检索，以提高信息检索的效率。与此同时，高校图书馆还要积极营造良好的信息环境，建立方便大学生信息查询的有效系统，使大学生将所学到的理论知识与实践相结合，使其切身感受到现代信息技术的便捷与优越，更好地使用丰富的文献信息资源。

# 第三节　结语

大学生的"信息素质"教育是一项系统工程。高校图书馆是培养具备较高"信息素质"人才的摇篮。高校图书馆应适应信息社会的要求，努力培养大学生良好的"信息素质"和"信息道德"，使其具备科学扎实的信息技能，进而成为具有较强的自学能力和创新能力的复合型人才。这是高校图书馆义不容辞的责任。

# 第十五章　数字图书馆中的读者
# 服务理念

    数字图书馆是文献信息资源的一种新型运行模式，是以数字形式存贮和处理信息的图书馆服务形式。它以数字技术为基础，将计算机技术、网络技术等高科技技术结合起来，使丰富的文献信息资源能够便捷地存储和传播。它是人们获取知识信息服务的、集众多智能化服务为一身的文化信息服务机构。数字图书馆的发展，不仅意味着传统文献信息工作模式的变革以及文献信息与组织理论的深化和拓展，而且还意味着要对图书馆系统的组织活动与管理理念进行调整与变革。

    在这里，笔者重点谈谈数字图书馆中的读者服务理念的调整与变革问题。

    在数字图书馆中，读者服务工作开始由传统、单一的服务模式逐步向数字化、网络化服务转变。网络信息服务是一种面向广大读者，尽可能提供全面和丰富的信息的服务。中国著名的图书馆学家刘国钧先生，曾在《近代图书馆之性质及功用》一文中指出："近日图书馆之事业多半为社会化之性质。即其注重之对象已由书籍而变为其所服役之人。"① 在《图书馆学要旨》一书中，刘国钧先生再次强调："现代图书馆所注重的对象，已由书籍变为它所服务的人；它的兴趣已由静止保全图书变成活动的指导人们阅览图书了。"② 印度图书馆学家阮冈纳赞曾提出"图书馆学五定律"，其中前四条定律都是围绕着图书馆的"读者服务"来展开的，这充分体现了"以读者为中心"的服务理念和人文精神。③

## 第一节 为读者创造平等自由获取信息的有利条件

数字图书馆可以依靠丰富的信息资源和完善的系统保障，为每一位读者提供优质服务，做到"一视同仁"，克服了传统图书馆的文献数量和借阅程序的限制，极大地降低了拒借率。数字图书馆的读者可以方便快捷地查询并获取所需信息，甚至在家中就能够利用网络轻松获得相关的信息。因此，在数字图书馆的服务工作中，应加强专业化、个性化、对象化、层次化等"以人为本"的服务理念和技术手段，使用户在高智能的信息服务系统中轻松获得所需信息。

---

① 刘国钧：《刘国钧图书馆学论文选集》，书目文献出版社1983年版，第2页。
② 王涛：《"士先器识而后文艺"——略论图书馆学家、图书馆事业家刘国钧先生的人文眷注》，《情报资料工作》2004年第3期，第75—78页。
③ 曹晓珊、胡肖洛：《图书馆读者服务的人文精神》，《科技情报开发与经济》2004年第2期，第7—8页。

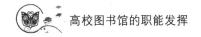

## 第二节　为读者提供优质的信息服务

首先，数字图书馆的优质服务主要体现在相关服务人员的服务态度、行为以及服务用语上——要工作热情周到、服务耐心细致、语言端庄亲切，努力创造一种使读者感到轻松舒畅的良好的人文环境。其次，优质服务体现在服务方式的灵活多样上——读者可以通过电话、E-mail 等方式办理相关手续。随着信息化、网络化在数字图书馆的不断深入应用，数字图书馆的读者服务工作已从以书刊借阅为主的传统文献服务，转变为以满足知识信息需求为主、以知识信息开发服务为主的现代信息服务模式。

## 第三节　为读者提供的信息服务更加个性化

数字图书馆应以博爱的精神认真对待每一位读者，针对他们的需求，提供个性化的服务。

当今社会的信息来源十分纷繁杂乱，给用户查找和利用有价值的信息增加了很大难度。图书馆信息服务部门应根据服务对象的需要，对种类繁多的信息（包括文献信息、网络信息、数据库信息等）进行筛选、整理和重组，并在此基础上根据不同的层次和类型建立适合各种类型读者需求的综合性或专业性数据库。对于高校的科研技术人员，可针对他们学术研究的需要，在对相关信息调查研究的基础上，对这些信息进行鉴别、评价、筛选，提供高效优质的信息服务。个性化信息服务是人文化和科学化相结合的信息服务，高校图书馆信息服务的方向也应该注重人文精神和科学精神的结合，这样才会使高校图书馆的信息服务水平达到一个新的高度。

## 第四节　在广度和深度上拓展信息服务

数字图书馆所拥有的高智能的服务体系，为在广度上和深度上挖掘信息，开展多种形式的信息服务提供了有利的技术条件。在广度上，数字图书馆，尤其是高校数字图书馆，应在本馆原有服务内容的基础上，增加新的服务内容，扩展服务领域，增大服务的广度，在最大限度上满足广大师生多方面的信息需求。在深度上，数字图书馆，尤其是高校数字图书馆，应开发信息服务深度，建设具有本馆特色的文献信息数据库，建立适合本校特定专业的信息数据库，形成自己的独特优势。广度的服务是从表面上满足读者多种文献信息的需求，深度的服务则是从更高层次上满足读者的信息需求。

## 第五节　为读者营造便利的、人性化的学习环境

随着现代科学技术的高速发展和普遍使用，数字图书馆的技术和作用已逐步为人们所认识和掌握，应用领域越来越广泛。要实现数字图书馆的教育职能和服务职能，只有把"读者第一，服务至上"理念真正付诸实践，以满足读者需求为己任，做好读者工作，把人文精神和科学精神完美地融合在一起，数字图书馆事业才能够深入人心。

# 第十六章　高校图书馆与大学生网络舆情

　　随着计算机技术和网络信息技术的快速发展，网络在全球范围内得到了迅速普及和广泛应用。网络已成为当今信息时代人们进行思想交流的信息汇聚中心，已成为社会舆论传播的重要载体和有效工具。

　　高校大学生不仅是网络社会群体的重要组成部分，更是网络群体中最活跃的一个群体。首先，高校大学生是网络信息的使用者和受益者。他们能够通过各种网络信息平台了解各种观点和看法。其次，高校大学生也是网络信息的发布者和制造者。他们常常会就某一事件阐述个人的意见和看法，并快速在网络上加以传播，使之迅速形成关注焦点和舆论热点，导致该事件迅速成为网络、甚至是全社会的关注热点。其所发布的观点和看法，往往会在不同程度上对他人的言行和看法造成一定的影响，从而形成群体性共识，形成网络舆情。因此，围绕大学生网络舆情的研究，已日益成为国家、各级政府、学术界关注和研究的热点问题。

　　西藏自治区作为备受国际关注的敏感地区，处于反分裂斗争的主战场，为了树立维护祖国统一和民族团结的正确舆论导向，网络舆情的有力管控和正确引导就显得尤为重要。国家和西藏自治区政府高度关注西藏自治区的涉藏网络舆情问题，其中，西藏自治区高校大学生的网络舆情问题是其关注的重点之一。

## 第一节　网络舆情受到国家政府的高度关注

随着网络信息技术的发展和推广以及网络基础设施的日趋完善和覆盖面的不断扩大，中国的网络用户的数量和规模正在以极快的速度增长。根据中国互联网络信息中心（CNNIC）发布的第34次《中国互联网络发展状况统计报告》统计，截至2014年6月，中国的网络用户数量已达到6.32亿，国际互联网的普及率已达到46.9%。[①] 根据中国互联网络信息中心发布的第38次《中国互联网络发展状况统计报告》统计，截至2016年6月，中国网民数量已达到7.1亿，国际互联网的普及率已达到51.7%，较2015年底提升了1.3个百分点，超过了全球平均水平3.1个百分点。同时，移动互联网塑造的社会生活形态进一步加强，"'互联网+'行动计划"推动了政企服务向多元化、移动化发展。此外，中国的手机网民数量达到6.56亿，比2015年底增加3656万人，网民中使用手机上网的人群占比由2015年底的90.1%提升至92.5%。中国域名总数已达到3698万个，其中

---

① 第34次《中国互联网络发展状况统计报告》，http://www.cnnic.net.cn/hlwfzyj/hlwxzbg/hlwtjbg/201407/P020140721507223212132.pdf.

".CN"域名总数为 1950 万个，占中国域名总数比例为 52.7%。① 根据中国互联网络信息中心发布的第 39 次《中国互联网络发展状况统计报告》显示，截止 2016 年 12 月，中国网民数量达到 7.31 亿，国际互联网普及率达到 53.2%，超过全球平均水平 3.1 个百分点，中国的网民数量已经相当于欧洲人口的总量。②

随着中国网民规模的不断扩大，由网络行为引发的网络舆情问题逐步显现，并引起了国家的高度重视。2011 年 2 月，胡锦涛在"省部级主要领导干部社会管理及其创新专题研讨班"开班式讲话中明确指出："要进一步加强和完善信息网络管理，提高对虚拟社会的管理水平，健全网上舆论引导机制。"③ 2012 年 3 月，温家宝在《政府工作报告》中也指出："要加强和改进互联网管理，营造健康的网络环境。"④ 2014 年 2 月 27 日，习近平在"中央网络安全和信息化领导小组第一次会议"上指出："做好网上舆论工作是一项长期任务，要创新改进网上宣传，运用网络传播规律，弘扬主旋律，激发正能量，大力培育和践行社会主义核心价值观，把握好网上舆论引导的时、度、效，使网络空间清朗起来。"⑤

---

① 第 38 次《中国互联网络发展状况统计报告》，http://www.iot-online.com/analytics/2017/042063375.html。

② 同上。

③ 胡锦涛：《在省部级主要领导干部社会管理及其创新专题研讨班开班式讲话》，http://news.sina.com.cn/o/2011—02—20/022521982027.shtml。

④ 温家宝：《政府工作报告》，http://news.cntv.cn/china/20120305/111154.shtml。

⑤ 习近平：《在中央网络安全和信息化领导小组第一次会议讲话》，http://news.eastday.com/c/20160907/u1a12063123.html。

藏族大学生作为大学生网民的重要群体，是国家和西藏自治区的关注重点。西藏自治区高校肩负着培养社会主义新西藏的合格接班人和建设者的重担与历史使命，更肩负着新的历史时期所赋予的历史重任。因此，必须将藏族大学生的网络舆情管控和引导视为重中之重。西藏自治区高校图书馆作为西藏高等教育的重要支柱，在藏族大学生网络舆情管控和教育引导工作中，有着不可替代的重要地位。西藏自治区高校图书馆应主动发挥各项资源优势，积极参与到对藏族大学生的网络舆情管控和引导中来。

## 第二节　高校图书馆在高校大学生网络舆情中的作用

### 一　有助于充分认识高校大学生网络舆情的重要性

　　随着网络技术在高校的普及，大学生网络舆情的社会影响力日益增大，对社会主义精神文明建设和校园文化建设有着很大的影响，网络舆情问题日渐突出。因此，如何正确管控和引导大学生网络舆情，已成为高校图书馆界的一个重大的课题，也是信息时代下的高校图书馆的重要研究领域和服务方向。

　　对于西藏自治区高校来说，西藏自治区高校图书馆拥有较好网络信息环境，可以根据藏族大学生的网络行为特点和阅读特点等，结合国际形势，结合中国的国情和西藏自治区的区情，结合西藏自治区高校的特殊性，为藏族大学生提供内容丰富、形式多元的网络信息资源。要使藏族大学生正确认识到：西藏是祖国神圣不可分割的一部分，藏族是祖国民族大家庭的一员；要积极宣传国家的民族政策和习近平总书记的"治国必治边，治边先稳藏"的治藏方略；要及时了解国内外的形势，通过网络开展爱国主义教育——如图书推荐书目、爱国影片展演等，大力弘扬积极向上的正能量，使他们树立正确的祖国观、民族观、人生观、价值观，提高他们在大是大非面前的辨别能力；要强化他们对"藏独"等分裂势力的辨别能力和抵抗能力，构筑坚强的反分裂的思想防线。因此，加强西藏自治区高校图书馆对当代大学生网络舆情的研究，具有深远的理论价值和社会意义。

### 二　有助于及时发现和管控大学生网络舆情

目前，国内学术界对于大学生网络舆情具体内涵的认识还不尽相同，主要有以下几个较有代表性的观点。甘忠涛认为，大学生网络舆情，是指大学生群体通过一定的网络媒介，对涉及大学生群体利益的相关社会事务，在其思想、情绪、意见等方面的综合表现。[①] 朱磊认为，大学生网络舆情，是在一定时期内，大学生在网络平台中，对社会时事问题、政治敏感事件所表达的意见以及诉求言论的总和。[②] 李罡认为，大学生网络舆情，就是作为行为主体的大学生以国际互联网为载体，以源于事实的相关资料为背景，通过分析、推理，最终能够让大学生群体产生共鸣的一

---

[①] 甘忠涛：《大学生网络舆情与高校思想政治教育的应对》，《思想政治研究》2010 年第 3 期，第 274 页。

[②] 朱磊：《高校学生网络舆情问题分析及其对策研究》，硕士学位论文，华中师范大学，2011 年 5 月。

种意见和态度。① 大学生网络舆情无疑也是一把"双刃剑"，对于在校大学生的教育有着重要的影响。网络技术的发展和推广，为大学生学习科学文化知识提供了极为便捷的途径，是适于好奇心和求知欲都很强的大学生使用的学习辅助工具，可以使他们在课堂以外能够拥有良好的网络学习环境，及时有效地补充和拓展学科专业知识，有助于他们发展兴趣和爱好，开拓思维和视野。但是，网络信息的海量数据和传播迅速的特点，使得大学生开始面对形形色色、良莠不齐的网络信息，当世界观、人生观还不成熟的大学生面对突发舆情或事件时，在不明真相的情况下，极易被蒙蔽和误导，他们易冲动等弱点便暴露无遗，甚至成为别有用心之人的工具，导致事态恶化，严重的还会造成重大损失，甚至引发极坏的社会影响。

### 三　有利于全面提高大学生的网络行为综合素质

网络技术水平较好和网络设施较为齐备的高校图书馆，应充分利用自身的技术优势等有利条件，以大学生喜闻乐见的形式，借助于移动平台、手机终端等途径，积极宣传正能量。应通过举办丰富多样的各类网络舆情引导活动，规范大学生的网络信息行为，提高大学生的网络"信息素养"，培养大学生良好的网络行为习惯。高校大学生群体具有文化素质较高、关心时政、渴望表达自我诉求的特点，同时也存在着缺乏冷静思考、易于冲动等缺

---

① 李罡：《关于大学生网络舆情与思想政治教育的应对》，《南昌教育学院学报》2012年第2期，第29页。

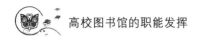

点。他们大多希望通过网络舆情的表达，有效实现诉求。通过面向大学生的网络舆情相关知识的教育，可以有助于提高和加强大学生的网络舆情意识。

## 第三节 网络环境下的高校图书馆网络舆情引导

### 一 利用网络引导大学生的网络舆情

首先，应利用多元化的网络技术，建立起有效的网络舆情引导机制。相对于以往的传统媒介，网络信息平台具有更加便捷、顺畅的交流互动功能，可以利用QQ、微博、微信等大学生常用的网络互动平台，实现与大学生的网络舆情实时交流。其次，应建立起高校图书馆的官方网络舆情引导机制，可以利用QQ群、微博群、微信群等，充分发挥其"群聊"功能，适时开展相关网络舆情的交流与讨论，从中进行适时的引导，使网络舆情引导在"润物细无声"的潜移默化中发生、完成。最后，还可以讲座、报告会等多种形式，加强高校大学生的网络舆情交流和引导，提高他们的网络舆情素养，提升高校图书馆的网络舆情引导的整体水平。

高校图书馆可以针对大学生的网络信息行为，及时跟踪了解大学生的思想状况和关注热点，建立起网络舆情分析研究机制，及时进行网络舆情的预测和预判，适时调整对高校大学生网络舆情的引导策略，随时化解和规避各类网络舆情危机。高校图书馆可以根据网络舆情引导策略和倾向，积极推荐具有网络舆情引导性的图书书目，通过微博、微信交流大学生的阅读心得，营造积极健康的网络环境，引导大学生的科学的网络信息行为，提高大学生网络舆情的辨识能力。

### 二　加强网络舆情引导资源共建共享

网络舆情引导资源十分丰富，形式和形态也日益呈现多元化。例如：网站，根据其功能的不同，可分为门户网站、新闻网站、视频网站、社交网站、网络社区、网络论坛等等；搜索引擎：如百度、雅虎、新浪、搜狐等；网络出版物：如数字报纸、数字图书、数字期刊等；网络音频、视频产品：如在线视频、在线有声读物等；还有 QQ、微信、微博、博客等社交工具和平台。高校图书馆可以利用自身的网络资源优势和网络技术优势，对网络资源加以选择，开发整合网络舆情引导数字资源，建立统一的检索平台，通过网络技术实现跨库检索，充分发挥网络舆情引导资源检索的便捷、准确。网络舆情引导资源的共建，可以在网络资源层面为提升高校大学生网络舆情引导的有效性，提供有力保障。

### 三　弘扬中华民族文化经典，发挥起网络舆情引导价值

中华民族文化经典是千百年来各族人民勤劳智慧的结晶和历史积淀的精华，有着深厚的人文底蕴，是培养和塑造高校大学生正确的世界观、价值观、民族观、人生观的重要文化要素，同时，在网络时代，中华民族文化经典对于网络舆情的管控和引导也有着不可替代的重要的价值。

西藏民族文化是中华民族文化的重要组成部分，充满着独特

的魅力和灿烂的光彩，吸引了国内外众多的世人和学者。作为西藏自治区高校图书馆，西藏民族文献的收藏优势是得天独厚的。西藏高校图书馆应利用网络技术，在网络环境下，大力开发和推送藏族文化经典读物。通过调研藏族大学生的网络信息行为，分析他们的阅读习惯和阅读爱好，为他们"量身定做"适合他们的民族文化读物，打造西藏自治区高校图书馆特有的精神文化气质，以藏族大学生喜闻乐见的形式推广和介绍西藏民族文化。可通过微信订阅号、QQ 空间、微博、博客来推荐书目。还可采用阅读沙龙、文化名人讲座、民族文化社团、民族文化知识有奖问答等形式，向藏族大学生推送西藏民族文化经典作品等，使藏族大学生在提升文化知识和文化修养的同时，进一步强化其民族自豪感和荣誉感，进而增强网络舆情意识，有效控制自己的网络信息行为。

## 四 培养网络舆情管控人才团队

拥有一支网络技术优秀、网络舆情素质较高、具备较强的处突能力和网络舆情危机化解能力的网络舆情管控团队，是实现网络舆情有效管控的前提。因此，高校图书馆应充分挖掘和利用人才资源优势，努力吸纳资深教育专家和优秀管理人员加入到网络舆情管控团队中，以加强和充实网络舆情队伍建设，增强网络舆情管控的敏感性，提高网络舆情的预见和引导能力，创建和谐文明、积极向上的网络舆情环境，增强网络舆情教育引导的感染力和号召力。

# 第四节 结语

如何有效地解决高校大学生的网络舆情问题，是目前各高校面临的重要问题之一，也是高校图书馆在新的历史时期所面临的一个重要课题，更是西藏自治区高校图书馆不容忽视的重要问题。应关注和分析藏族大学生的网络信息行为，有效管控和引导西藏自治区高校大学生的网络舆情，结合他们的特点，多措并举，积极开展藏族大学生网络信息行为规范教育，加强藏族大学生的网络信息素养教育、网络伦理教育、"信息素质"教育和法制教育，建立、健全藏族大学生网络舆情管理机制、舆情分析和研判机制、预警机制、应急和处突机制等，努力为藏族大学生的安心学习和健康成长，营造绿色和谐的网络舆情环境。

# 第十七章　图书馆面向医学领域的
# 信息服务工作

　　在信息时代，信息在人们的行为过程中发挥着日益重要的作用，信息服务业不仅成为了信息经济的重要组成部分，而且对于其他学科领域的经济增长和技术进步也起到了积极的推动作用。

　　在医学领域，更加需要先进科技信息的支持。许多国家为此建立了各种以文献情报检索为目的的计算机情报检索系统，如著名的"医学文献分析与检索系统"（MEDLARS）、"医学索引系统"（MEDINDEX）以及在此基础上建成的"MEDLARS联机检索系统"（这三个系统统称为MEDLINE）。此系统收集的文献资料范围包括美国和其他国家出版的多种生物医学期刊以及少量的专论和半公开出版物，每年收录的文献资料题录达数万条，已建立的检索窗口有"定题情报检索""毒理学情报联机检索""癌症文献联机检索"、医学咨询服务、医学文献情报检索等服务和脏器移植信息、中毒信息、药物相互作用信息、血液信息等，为世界各国的医学研究、临床诊断和治疗等提供了有益的帮助，也给中国医疗卫生事业的发展提供了重要的帮助。①

　　网络硬件技术的飞速发展以及国际互联网上的用户数量和信息资源的剧增，为信息服务部门准确、有效地满足用户的信息需求提供了广阔空间。目前，中国的各种计算机网络相继出现，在全国范围内已建成了信息网络的基本框架。但是，其应用情况却并不理想。原因在于：一是网络的信息资源建设还不够完善。网上的信息资源主要是来自国外的，国内的相对贫乏——虽然有一些中文信息资源，但是远不能满足国内广大用户的需求。二是使用费用过高。这严重阻碍了中国信息网络的进一步发展。三是语言差异大。这加大了用户使用网上信息的难度。网络信息资源大多数是英文信息，要求不同文化层次的用户都采用第二语言接收并理解网上信息，无疑是不现实的。

　　作为信息服务工作者，应改变现状，努力开发中文信息资源，为用户提供没有语言障碍的高质量的信息。

　　目前，我们的信息服务工作，一般只限于把信息资源提供给用户，很少考虑用户对信息资源的理解深度和使用价值的高低，严重影响了信息资源的价值发挥，降低了信息服务工作的质量。

　　要想做好医学领域的信息服务工作，必须重视医学领域的网络信息资源的开发。国内医学领域的各种计算机互联网络的相继建成和医学领域的信息网络基本框架的建成，为医学领域的信息服务工作奠定了坚实的硬件基础。医学领域的信息服务工作者要

————————

　　① 金泽龙：《信息服务业与 Internet 关联分析》，《情报资料工作》1997 年第 1 期，第 41—42 页。

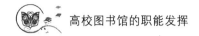

充分利用文献资源优势和设备便利，对信息资源作深层次的加工，在了解用户需求的基础上，作好定题服务、回溯检索服务、联机检索服务和脱机检索服务等，为用户提供医学领域的最新的科技信息以及信息获取的相关线索，这样才能使信息服务工作成为医学科技发展的重要助手。

# 民族高校图书馆与民族文化传承

# 第十八章　发挥和强化民族高校图书馆的优势，做好少数民族文化保护与传承工作

中国的少数民族文化是中华民族文化的重要组成部分。中国的少数民族文献是记载和表现少数民族文化的重要载体，是特定民族在特定区域从事文化活动的真实记录，是宝贵的少数民族文化财富。

民族高校图书馆地处民族地区，在其服务于民族教育事业和发挥其教育职能的同时，也肩负着抢救和挖掘少数民族文化遗产，保护和传承优秀的少数民族文化的历史重任。少数民族文献资源建设已逐步成为民族高校图书馆的文献建设重点和特色。这既是民族高校教学和科研工作的需要，也是民族事业发展的需要。应努力加强民族地区的少数民族文献建设、加强民族地区的民族古籍的抢救开发工作、做好少数民族文化的保护与传承工作，为加快少数民族地区的社会稳定、经济发展、民族文化繁荣和精神文明建设提供准确的参考依据。这对于促进民族团结、维护祖国统一等方面都具有重要的意义。

# 第一节　民族高校图书馆在少数民族文化传承与保护工作中的优势

民族文献是民族高校图书馆民族特色馆藏的重要标志和真实体现，是民族高校图书馆文献资源建设的重要组成部分。丰富的民族文献资源，是开展民族教育事业和民族研究工作的强大支撑，也是民族文献得以有效保护和传承的重要措施。同时，民族高校图书馆所具有的教育职能和服务职能，为其更好地发挥社会职能奠定了良好的文献基础和专业技术基础，能够更好地实施民族地区民族文化的抢救和开发工作，更好地实现民族文化的保护和传承。

## 一　少数民族文献资源优势

民族高校的教育重点和专业设置是根据所在地区的社会发展和经济建设的实际情况和需要而制定的，有着不同于普通高校和其他民族高校的独有的办学特色。民族高校图书馆是服务于民族高校的教育事业的。为了满足民族专业学科的教学和民族科研工作的文献需求，民族高校图书馆长期致力于少数民族文献资源建设，收藏了大量的、珍贵的少数民族文献，这些文献大都具有很高的学术价值，并且本身就是仅存的历史文物，有着很高的文物价值，在馆藏文献建设中占有重要的地位。在今后的少数民族文献资源建设中，民族高校图书馆应采取纸质文献资源与数字资源、网络资源并重的建设原则，使民族高校图书馆的文献资源建设具有鲜明的少数民族特色和先进的利用条件。民族高校图书馆对少数民族文献的重视和收藏，在很大程度上发挥了其对少数民族文献的收集和保护作用，更为深入开展少数民族文化保护与传承工作奠定了一定的文献信息资源基础，使少数民族文化保护与传承工作更加有的放矢，目标更加明确。

### 二　以少数民族文字为表现形式的文献资源优势

在民族高校图书馆收藏的少数民族文献中，以少数民族文字为表现形式的文献占有一定的比例。据统计，全国现存的藏文古籍有 60 多万函；蒙文古籍有 10000 余种；彝文古籍现存于北京的就有 1000 多部，而散存于全国的有万余种；纳西族的东巴经有 20000 余册；傣文典籍中仅佛经就有 84000 部，叙事长诗 500 余部；古壮字文献数万种。① 这些宝贵的少数民族文献，都有待民族文化工作者的抢救和挖掘以及进行科学的保护和有力的传承与发扬。同时在此基础上，还应进行深入研究，挖掘更深层次的、大量不为人知的少数民族文献，从而使少数民族文献得到更加广泛的抢救和保护。因此，民族高校图书馆在今后的少数民族文献资源建设中，应加强以所在地区少数民族文字为表现语种的文献收集和采购力度，使民族高校图书馆的少数民族文字的文献资源建设逐步走上制度化和系统化，使少数民族文字文献馆藏结构日趋完整系统。这不仅能为少数民族语言教学和民族文字的科学研究工作提供丰富的民族文献资源，而且能够很好地保护少数

---

① 包和平、王学艳：《中国少数民族文献数字化建设研究》，《情报杂志》2002 年第 2 期，第 32—34 页。

民族的语言、文字，为少数民族语言的传承和弘扬发挥重要的作用。

例如：中南民族大学图书馆将"女书"研究作为一项独具特色的科研项目，有重点地对"女书"的文献内容加以整理和开发，进行深度加工和标引，编写《女书文化研究论文索引》，编制文摘、简讯、内容提要、综述等[①]二次文献，为抢救和保护这一面临走向消亡的民族语言做出了重要的贡献。

### 三 多元化的馆藏结构优势

随着科技的发展，信息的载体形式也更加多样化，民族高校图书馆的馆藏文献结构也随之发生着巨大变化——打破了以往以纸质型文献载体为主的馆藏状况，向着文献载体多元化的方向发展，这为民族高校图书馆更为广泛的收集、整理少数民族文献提供了多种途径和方法，在载体形式上为少数民族文献的收藏提供了十分有利的条件。

民族高校图书馆应在继续做好必要的纸质文献采购的同时，更加注重电子光盘、网络资源等载体的少数民族文献收集和采购力度。民族高校图书馆馆藏结构的多元化，不仅丰富了馆藏资源，同时也为少数民族文献的保护和传承工作提供了多种渠道的便利条件。它转变了以往传统单一的纸质文献的收藏模式，采访人员可以利用音频、视频技术，将没有形成文字、没有文献记载

---

① 曹玉平：《从"女书"研究看民族高校图书馆的民族文献保护》，《中国民族》2005年第3期，第53—54页。

的宝贵民族文化内容加以及时的留存——可采用录音设备，将传承者口授的内容记录下来；利用摄像、录像设备将一些少数民族文化用影像的形式保存下来，然后，再加以整理并发布到民族高校图书馆的网站上，使更多的读者能够认识和了解少数民族文化的神奇魅力。

### 四　专业队伍优势

民族高校图书馆应拥有一支高素质的专业图书馆员队伍，还应拥有收集、整理和加工、分析各种载体形式的少数民族文献信息资源的专业人才。应该承认，民族高校图书馆的工作人员有着丰富的少数民族文献采集和收藏经验，有着科学严谨的少数民族文献管理体制和管理经验，具备较好的少数民族文化素质和学科专业素质，具有一定的计算机专业知识并熟练掌握计算机操作技能，这为少数民族文献的收集、整理、建档保存以及提供深层次的文献服务等工作，奠定了专业素质基础。

### 五　技术设备优势

民族高校图书馆大都具有先进的计算机设备和数字技术、网络技术等现代化手段的支撑，特别是少数民族文字的信息处理技术的不断提升和发展，为少数民族文献的数字化工作提供了技术条件，为特色数据库建设提供了技术保障。数字资源的利用空间和服务范围十分广泛，它打破了时空的局限，在很大程度上弥补了纸质文献借阅的弊端，最大限度地满足了读者的文献需求。它将大量珍贵的少数民族文献，以电子文献、数字文献的形式，呈现在读者的面前，可以避免其在借阅过程中遭到破损和毁坏，使本来已很脆弱的珍贵的少数民族文献，得到妥善的保护，而且其文献价值的发挥不仅没有因此受到影响，反而在更加广泛的范围内得到了更好地利用。

## 第二节　发挥优势，做好少数民族文化传承与保护工作的对策

长期以来，由于民族高校图书馆的少数民族文献的收藏缺乏系统性和完整性，严重影响了少数民族文献的利用率，也为民族专业学科的教学、科研和少数民族文献的深层次利用带来了很大的制约和局限。因此，如何建立高质量的具有民族特色的少数民族文献藏书体系，怎样将所收藏的少数民族文献加以合理的开发利用，怎样为教学和科研提供具有特色的信息服务，进而更好地为民族地区的社会发展和经济建设服务，这是民族高校图书馆在新的历史发展时期所面临和思考的重要问题。

### 一　突出民族文献的特色建设

所谓特色馆藏，是指图书馆根据本馆所处的地理位置、历史传统及其主要读者群的需要，在收藏文献资料过程中有意识地选择并逐渐形成的具有一定特点和优势的馆藏体系。[①] 民族高校图

① 马春燕：《民族高校图书馆特色馆藏数字化建设的新思路》，《现代情报》2007 年第 8 期，第 160—162 页。

书馆应在现有的少数民族文献的收藏基础上, 制定文献特色资源建设规划, 将少数民族文献资源建设纳入特色馆藏建设的重点, 加大对少数民族文献馆藏的经费投入, 扩大少数民族文献在总体馆藏中的比例, 逐步形成以少数民族文献为主的馆藏特色。在全国各级、各类民族院校的图书馆中, 除中央民族大学图书馆收藏的少数民族文献占总馆藏的比例较大外, 其他各馆所占比例都较小, 而且馆藏也较为陈旧。近年来, 民族高校图书馆已越来越重视少数民族文献资源建设, 一些民族高校图书馆已在着力开展这方面的工作。

例如: 大连民族学院图书馆近年来加大了对少数民族文献经费的投入, 购入了一些高品质的多种载体的少数民族文献——有少数民族古籍的影印本, 并对一些残缺的少数民族文献作了补充收集; 有关于少数民族的历史、文化、风俗等内容的文献; 有党和国家领导人对有关民族问题论述的文献。此外, 该馆的馆藏文献还保持了边疆出版物的系统性, 逐步形成了民族高校图书馆的藏书特色。① 这一做法, 对其他民族高校图书馆有着重要的示范作用, 值得其他民族高校图书馆的学习和借鉴。


二　加强民族文献的调研和采访工作

应根据高校民族专业的教学和科研工作需要, 结合当地民族文化现状和民族高校图书馆的少数民族文献收藏的实际情况, 进行

---

① 王波:《民族院校图书馆民族观教育职能初探》,《内蒙古民族大学学报》2007 年第 7 期, 第 118—119 页。

广泛的文献调研工作，使少数民族文献的采访工作有的放矢。应在现有馆藏资源的基础上，采取各种形式，通过多种途径，积极补充缺藏和漏藏的文献，使馆藏少数民族文献更加完整和系统。应针对珍贵稀少、难以采购的少数民族文献，在图书馆之间采用复本交换的方式，从而补充和完善各馆的少数民族文献资源。当前，中国国家图书馆开展的普通古籍复本的交换工作，收效很好，在一定程度上实现了馆藏资源的互补和共享，可以使少数民族文献在更大范围内得到利用。

### 三 创建民族特色文献数据库

少数民族文献的数字化存储技术和网络化服务模式，是民族高校图书馆数字化建设和读者服务工作的重要的组成部分。

随着文献信息载体逐步向数字化、网络化方向发展，内容丰富的少数民族文献在载体形式上也日趋多样化，为少数民族特色文献的数字化收集、整理、收藏和开发利用，创造了有利的条件；为创建民族特色文献数据库（包括民族文字的文献在内）提供了丰富的文献资源——如创建书目、索引、专题文献、视频、文献全文等数据库。

民族高校图书馆可以根据所处地区的丰富的少数民族文献资源，努力建立独特的少数民族文献特色数据库。例如：贵州民族学院图书馆的"傩戏傩文化文献资料中心"已正式成立；西藏民族大学图书馆的"藏学文献资料中心"、西南民族学院图书馆的"羌学文献资料中心"、广西民族学院图书馆的"壮学文献研究和协调中心"和"东巴文化文献资料研究和协调中心"等也都在积极筹备之中。①

### 四　加强民族古籍文献的抢救与保护工作

民族古籍内容丰富、种类繁多，有着极高的学术研究价值和文物价值。长期以来，由于受到人员、技术等各种条件的制约，民族古籍并未得到科学合理的收集、整理、保护和开发，有些宝贵的民族古籍正在逐步消亡和遗失，其中不少珍贵的民族古籍因年代久远已破损严重，亟待抢救。现代化的技术手段为民族古籍的抢救提供了条件，利用照相、录音、录像、缩微、光盘等技术都可以快速地对民族古籍实行全文存储，从而使抢救和保护真正得以实现。② 因此，加强民族古籍文献的抢救与保护工作迫在眉睫。民族古籍工作是一项系统性强、专业性强、实施难度大的工作，对工作人员的专业水平要求很高——比如必须具备扎实的民族文字功底和广博的民族文献专业知识；能制定完整的民族古籍整理规划；能对民族古籍进行科学有序的校勘、翻译、注释等工作，并对所收藏的文献能够进行深入研究和整合资源；能够编制各种索引、目录等二次文献，等等。

民族高校图书馆可以现有的民族古籍为基础，开展民族古籍的整理、开发工作，并以此为契机，进一步在广度上和深度上进行挖掘，不断扩大民族古籍的整理和保护工作的覆盖面，力争全

---

① 焦丽：《对民族高校图书馆建立民族特色数据库的思考》，《延边大学学报（社会科学版）》2001 年第 3 期，第 103—104 页。

② 包和平、王学艳：《中国少数民族文献数字化建设研究》，《情报杂志》2002 年第 2 期，第 32—34 页。

面覆盖本地区的民族古籍，以促进和带动本地区民族古籍抢救、保护工作的整体发展。

### 五　做好本地区非物质文化遗产的保护工作

我们知道，非物质文化遗产保护一直是图书馆界关注的焦点。民族高校图书馆更应积极发挥自身优势，加强非物质文化遗产的调研，深入了解本地区非物质文化遗产的现状，因地制宜地做好非物质文化遗产的抢救和保护工作。民族高校图书馆还可根据本馆的能力申请适合的科研项目，对具有鲜明地方特色的文化资源进行深层次的加工和开发，可以将文化信息资源分门别类地编成资料汇编、目录、索引等，建立具有一定规模、具备多种检索途径的非物质文化遗产信息数据库。这样既能有效地保存宝贵的非物质文化遗产，又能很好地传承和发扬非物质文化遗产的巨大作用，还可以为更好地研究少数民族的发展历史，传承和弘扬民族文化，为本地区的经济发展和文化进步提供详实的文献参考依据。

例如：成都市图书馆建成了全国第一个非物质文化遗产专题网站，采用图片、影音、数字化文献等形式，广泛收集川剧和蜀派古琴文化，为有效保护和传承成都地区的非物质文化遗产发挥了重要作用。[①]

又如：吉首大学图书馆在湘西土家族苗族自治州非物质文化

<hr />

[①]　裴秀蓉：《论非物质文化遗产的文献建设》，《四川图书馆学报》2012 年第 1 期，第 48—50 页。

遗产保护工程实施过程中，充分发挥信息资源优势，为湘西土家族苗族自治州各级部门提供项目申报和决策方面的咨询服务，并根据普查出来的非物质文化遗产名录，利用吉首大学苗族、土家族、侗族等族群文化研究基地的优势对大量原始资料加以认真的研究整理，取得了一系列重要的研究成果。从中更反映出了非物质文化遗产的历史价值、文化价值、市场价值和教育价值。[①]

# 第三节　结语

综上所述，加强少数民族文化保护是民族发展的需要，是民族地区社会进步和经济繁荣的需要。民族高校图书馆肩负着民族文化保护和传承的历史重任，应积极发挥特有的资源、人才、技术的优势，不断推动本地区的民族文化保护工作，为更好地传承和弘扬民族文化，发挥民族高校图书馆应有的重要作用。

---

[①]　曾立群：《试论民族高校图书馆文化软实力的构建与提升》，《内蒙古科技与经济》2009 年第 11 期，第 113—114 页。

# 第十九章　民族高校图书馆在少数民族文化保护中的作用

中国是一个统一的多民族国家，共有包括汉族在内的 56 个民族，全国各族人民各自缔造了灿烂的民族文化，为后人留下了丰富的、宝贵的少数民族文化遗产。国务院于 2006 年、2008 年相继公布了第一批、第二批非物质文化遗产名录，总计 1028 项，其中少数民族非物质文化遗产的数量占了一定比例，共计有 333 项，占公布总数的 32.4%。① 少数民族非物质文化遗产，是少数民族的智慧与勤劳的结晶。少数民族文献则是记载和表现少数民族文化的重要载体，是特定民族在特定区域从事文化活动的真实记录。它对于更好地研究少数民族的社会、政治、经济、语言、文字、宗教、环境等方面的历史演变，有着不可估量的珍贵价值。

少数民族文献的保存现状不容乐观，民族文化的生态环境正

---

① 谢海涛：《民族地区图书馆在非物质文化遗产保护中的作用》，《文山师范高等专科学校学报》2009 年第 12 期，第 58—61 页。

受到现代人类活动的侵蚀，如果少数民族文化保护工作不能得到足够的重视，大量的珍贵的少数民族文化就会遗失、消亡。所以，作为每一个现代人，都有责任去保护好我们珍贵的民族文化遗产，将优秀的民族文化传承下去，并使其得到更好地发展。段超认为，保护少数民族文化，对加快少数民族地区经济、文化建设和精神文明建设，促进民族文化的创造发展、促进民族团结、维护祖国统一等有着极其重要的意义。① 因此，少数民族文化的保护工作刻不容缓、势在必行。民族高校图书馆在发挥其教育职能的同时，也肩负着抢救和保护民族文化遗产、加强少数民族地方文献建设、服务于民族地区的文化发展的历史重任。

谢平对此所做的调查显示，中国的少数民族文献总量多达上亿册，其中包括满文文献数百件、藏文典籍60多万函、蒙文古籍及彝文典籍各万余种、古壮字文献数万种、东巴经书两万余册，另有相当数量的傣文和其他文种的古籍。② 这些都是已得到很好地保护和重视的民族文献，还有大量的不为人知的珍贵文献没有被发现和利用，对于这些民族文献的保护也就更无从谈起了。因此，科学地搜集、整理少数民族文献，有效地保护和传承少数民族文化，不仅是民族文化工作者的职责，更是民族高校图书馆的神圣使命，民族高校图书馆应利用自身独特的优势，在少数民族文化的保护工作中发挥重要的作用。

---

① 段超：《对西部大开发中民族文化资源和文化生态保护问题的再思考》，《中南民族学院学报（人文社会科学版）》2001 年第 6 期，第 59—63 页。
② 谢平：《对加强民族地区图书馆地方文献资源建设的思考》，《攀登》2009 年第 2 期，第 129—132 页。

# 第一节 民族高校图书馆文化建设与少数民族文化保护工作相辅相成、互相促进

民族高校图书馆在少数民族文化保护工作中能够发挥重要的作用。民族高校图书馆的文化建设正是对少数民族文化最好的传承——民族高校图书馆为配合民族教育事业的需要，注重对少数民族文献的采集和收藏，努力满足少数民族专家学者与少数民族大学生等特殊读者群的需求，进而形成民族高校图书馆的特色服务，这在一定程度上起到了少数民族文化保护的作用。有学者为图书馆文化的含义作了明确的表述："图书馆文化是指在图书馆社会物质活动（即文献资源建设）与精神活动（即文献资源利用）的广大个体形式中，满足其自身需要，实现其本体价值，并保持其生态环境而创造出来的、维持其优良生活方式过程的审美流露和积累下来的物质与精神成果的显示。其组成要素为物质层、制度层和精神层。"[1] 民族高校图书馆的文化建设是一个长期的发展过程，是建立在深厚的少数民族文化的沃土之上并努力弘扬少数民族文化的过程，是民族高校图书馆文化建设的灵魂所在。因此，民族高校图书馆加强对少数民族文献的收藏，既是对少数民族文化的保护，也是对民族高校图书馆文化建设的丰富和充实。

---

[1] 陈梦晖、吴艳阁：《图书馆文化在高校校园文化中的地位与作用》，《科技情报开发与经济》2009 年第 3 期，第 16—18 页。

**一　物质文化建设对少数民族文化保护的作用**

民族高校图书馆根据本馆馆藏情况，制定科学的馆藏规划，广泛收集相关各院系的重点学科设置情况和相关专家、教授的文献需求信息，做好少数民族文献的收集、采购工作，就是对少数民族文献进行有效保护和传承的好方法。

例如：笔者所在的西藏民族大学图书馆将有关记载和研究藏区、藏族的文献作为特色馆藏加以采集，设立了藏学文献珍藏室和藏学资料室。延边大学图书馆则将记录、存储和传播朝鲜族文献信息资料的一切载体视为本馆收藏重点。广西民族学院图书馆成立了"壮学文献研究和协调中心"。宁夏大学成立了"西夏学研究中心"等。[①] 这些做法，极大地促进了少数民族文化的保护工作，使大量流散在民间的少数民族文化遗产得到了有效的抢救和保护。

**二　制度文化建设对少数民族文化保护的作用**

制度文化的本质是以人为中心的管理文化。科学合理的管理制度是民族高校图书馆各项工作正常开展的前提。只有以少数民族文化作为文化背景，用民族的眼光、发展的眼光，审时度势，才能制定与时俱进、符合民族高校办学要求、体现少数民族文献服务特色的规章制度和明确的服务目标；才能创新"人性化"的服务模式；才能营造浓厚的民族文化氛围，使读者和馆员感受到

---

① 金海淑：《民族高校图书馆文化建设与创新人才培养》，《延边党校学报》2010 年第 2 期，第 120—122 页。

民族文化的强大感染力。这在很大程度上是少数民族非物质文化保护的条件。

### 三　精神文化建设对少数民族文化保护的作用

精神文化是在制度文化的基础上,通过馆员的身体力行、严谨治学、优质服务等方面表现出来的精神面貌,它影响到读者并反映为读者风貌,两者共同形成图书馆的精神文化。因此,拥有一支高素质的民族高校图书馆馆员队伍,是民族高校图书馆精神文化建设的前提和关键。民族高校图书馆应加大馆员培训力度,提高馆员的少数民族文化素质,增强少数民族文化保护意识,提升少数民族文献的服务质量。在全馆形成一个科学严谨、积极向上、健康团结的精神文化氛围。这也是坚强不屈、勤劳智慧、不断求索的民族精神的最好诠释,应成为民族高校图书馆所特有的精神面貌。

## 第二节　发挥民族高校图书馆的多重职能,加强少数民族文化保护工作

吴慰慈、邵巍在其编著的《图书馆学概论》中认为,图书馆具有四大社会职能,即:社会文献流整序的职能;传递文献信息的职能;开发智力资源、进行社会教育的职能;搜集和保存人类的文化遗产的职能。[1]

---

① 李筑宁:《论民族地区高校图书馆对少数民族地区非物质文化遗产的保护》,《贵图学刊》2010年第1期,第4—7页。

民族高校图书馆的责任更加重大。要坚持党的民族政策和民族教育的基本方针，结合高校的办学目标和要求，充分发挥民族高校图书馆的教育职能，同时，还要积极发挥民族高校图书馆收集和传承少数民族文化的有利条件，承担保护少数民族文化遗产的重任，在少数民族文化保护工作中发挥积极的作用。

### 一　加强馆藏少数民族文献资源建设，保护和传承少数民族文献

民族高校图书馆应注重收集少数民族文献，加强少数民族文献的收集、整理和采集工作，逐步提高少数民族文献的馆藏比例，完善馆藏结构，突出特色馆藏资源建设，满足民族高校教学与科研工作的需要。近年来，一些民族高校图书馆已在重视这项工作。

### 二　加强民族大学生的民族文化保护意识，促进民族文化保护工作

第一，加强民族大学生思想教育，激发他们的民族自豪感和爱国之情。

据有关调查，85%的少数民族大学生对社会主义抱有深厚的感情，89%的大学生愿意报效祖国、建设家乡，这是民族高校大学生群体的思想主流。[①] 这说明，少数民族大学生对我们伟大的祖国和各民族同胞怀有深厚的热爱之情，他们希望民族昌盛和祖国强大，有着一颗可贵的报国之心。只要在思想上正确引导，培养他们正确的世界观、人生观和价值观；向他们传授科学文化

---

① 韦淑益：《民族院校图书馆在大学生素质教育中的作用》，《柳州师专学报》2001 年第 6 期，第 101—103 页。

知识，使他们具有一技之长，他们就会成为民族的骄傲，成为国家的栋梁。民族高校图书馆丰富的馆藏资源，能够帮助他们了解伟大祖国和中华民族悠久辉煌的历史，使他们认识到祖国是神圣不可分割的统一体。这些内容详实的少数民族文献，能够帮助他们系统、全面地了解本民族的政治、经济、文化、宗教、民俗等发展历史，帮助他们了解国家的民族文化政策，激发他们强烈的民族自豪感和爱国之情，帮助他们树立维护祖国统一、反对民族分裂的正确的民族观。

第二，加强少数民族文化知识的学习，帮助少数民族大学生完善知识结构。

民族高校图书馆丰富的文献资源以及各种载体形式的信息资源，为少数民族大学生配合教学内容、拓展课堂知识提供了文献资源保障；为少数民族大学生完善知识结构、开阔视野、培养兴趣、激发灵感提供了广阔的学习空间。民族高校图书馆可通过开展读书月、优秀图书推荐、新书通报等形式多样的活动，引导他们阅读大量的少数民族文献，使他们了解本民族的灿烂文化和宝贵的民族文化遗产，深刻理解保护本民族文化的重要意义，并将所学到的知识用于造福民族、强盛国家的伟大事业中。

## 三 民族高校图书馆应发挥其对少数民族文献的保护和传承职能，突出对少数民族地区非物质文化遗产的保护作用

第一，民族高校图书馆可采用重点馆藏的方法，实现对少数民族文化的保护。

"中国民族民间文化保护工程"的正式文件中大体上把中国的非物质文化遗产分为以下十类：民间文学、民间音乐、民间舞

蹈、传统戏剧、曲艺、杂技与竞技、民间美术、传统手工技艺、传统医药、民俗。① 民族高校图书馆应选择具有本地民族特色的文化内容作为重点收藏对象，努力申请适合本地民族文化发展和保护的科研项目。

例如：中南民族大学图书馆将"女书"研究作为一项独具特色的科研项目，有重点地对"女书"的文献内容进行研究和揭示，编写《"女书"文化研究论文索引》、编制文摘、简讯、内容提要、综述等②，取得了丰硕的学术成果，产生了广泛的影响，也为其他民族高校图书馆提供了学习和借鉴的成功经验。

第二，民族高校图书馆可利用保护项目的实施，实现少数民族文化保护的目的。

民族高校图书馆可根据本地民族文化生态发展的实际需要，选择合适的文化保护项目，建立塑造和表现少数民族文化的多种形式载体，实现对少数民族文化的保护。

例如：在湘西土家族苗族自治州非物质文化遗产保护工程实施过程中，吉首大学图书馆利用信息资源优势，为湘西土家族苗族自治州各级"民保"部门提供项目申报和决策方面的咨询服务，并根据普查得出的非物质文化遗产名录，利用吉首大学苗族、土家族、侗族等族群文化研究基地获取大量原始资料，形成了《湘西非物质文化遗产资料汇编》《湘西非物质文化遗产主要传承人名录》等一系列研究成果。这些成果突出了遗产的历史价

---

①　谢海涛：《民族地区图书馆在非物质文化遗产保护中的作用》，《文山师范高等专科学校学报》2009 年第 12 期，第 58—61 页。

②　曹玉平：《从"女书"研究看民族高校图书馆的民族文献保护》，《中国民族》2005 年第 3 期，第 53—54 页。

值、文化价值、市场价值和教育价值。①

## 四 发挥民族高校图书馆的资源优势，为民族地区的旅游事业可持续发展，提供科学参考依据

民族地区旅游事业的发展，是有效保护少数民族非物质文化遗产的重要手段之一。民族高校图书馆拥有得天独厚的资源优势、人才优势、技术优势，有条件建立全面系统的民族旅游文献信息资源库，为所处地区的民族旅游事业的开发和发展提供科学的依据，以达到保护少数民族文化，科学开发旅游资源的目的。

例如：吉首大学图书馆作为所处地区民族文化、旅游信息资源之中心，长期收集和挖掘湘、鄂、渝、黔、滇5省的少数民族地方文献和有关土家族、苗族、瑶族、白族、侗族等少数民族文献的研究成果，特别是对土家族和苗族的历史、语言、文字、民俗、旅游等文献的收集较为齐全，是目前中国最大的苗族文化中心和湘、鄂、渝、黔4省最大的民族地方文献信息中心。从20世纪90年代至今，该地区相关单位先后筹建了沈从文文献资料中心、黄永玉博物馆、刘永济先生文库等，还筹建了民族文化博物馆、旅游文献库、佛教文献库，同时广泛征集海内外名人名家字画千余幅，形成了自己的特色，成为接待国内外专家、学者来访和查阅资料的重要窗口，为拓展武陵源—大湘西的客容量，实现可持续发展提供了文献资源保障。②

---

① 曾立群：《试论民族高校图书馆文化软实力的构建与提升》，《内蒙古科技与经济》2009年第11期，第113—114页。

② 袁子英：《民族高校图书馆如何为民族旅游地区可持续发展建设服务》，《科技情报开发与经济》2006年第13期，第46—47页。

# 第三节　结语

民族高校图书馆在今后的工作中，应进一步发挥特有的资源、人才、技术的优势，在充分发挥教育职能、培养合格的少数民族大学生的同时，兼顾社会职能的发挥，收集和保存少数民族文化遗产，保护和传承少数民族文化，为加强各民族间的文化交流，促进文化理解；为民族地区的文化发展和经济繁荣；为民族地区和谐、稳定做出应有的贡献。

西藏民族大学图书馆收藏的藏文经文（照片提供严欣昱）

# 第二十章　民族高校图书馆的文化 建设与职能发挥

民族高校肩负着服务民族地区社会、经济发展的重任。民族高校是培养民族地区合格建设者和创新型人才的重要基地，担负着向民族地区输送优秀人才的历史使命，是促进少数民族地区社会繁荣和经济兴旺的前提和保证。作为民族高校办学三大支柱之一的民族高校图书馆，努力加强自身文化建设，对于促进民族高校校园文化建设和培养德才兼备的高素质的少数民族大学生、对于保护和传承少数民族传统文化和促进民族地区经济、社会全面发展具有重要意义。

## 第一节　民族高校图书馆文化建设的要求、内涵与策略

### 一　民族高校图书馆文化建设的要求

民族高校图书馆文化建设应突出民族特色，满足民族高校的校园文化建设需要，满足少数民族专家学者与少数民族大学生等特殊读者群的特殊需求，体现民族高校图书馆特有的风格，这是

民族高校图书馆文化建设和发展的内在要求。民族高校图书馆的文化建设是一个长期的发展过程，具有时代性、多元性、可塑性等鲜明的特征，这是民族高校图书馆文化建设的灵魂。民族高校图书馆文化建设对民族高校文化建设具有积极的促进作用，对具有差异性特质的少数民族大学生素质的培养具有不可替代的作用。因此，在当代高校图书馆发展中，应当充分重视民族高校图书馆的文化建设，使得民族高校图书馆文化建设愈加成熟。①

### 二　民族高校图书馆文化建设是一项长期的系统工程

陈梦晖、吴艳阁为图书馆文化的含义作了明确的表述："图书馆文化是指在图书馆社会物质活动（即文献资源建设）与精神活动（即文献资源利用）的广大个体形式中，满足其自身需要，实现其本体价值，并保持其生态环境而创造出来的、维持其优良生活方式过程的审美流露和积累下来的物质与精神成果的显示。其组成要素为物质层、制度层和精神层。"② 这说明了图书馆文化是在图书馆实践活动中创造出的、反映其自身价值和精神风貌的物质和精神文明成果，其内涵包括了物质文化、制度文化和精神文化三个层面。

图书馆文化建设是一个长期的、潜移默化的、日积月累的系统工程。根据以上所述图书馆文化的内涵，民族高校图书馆应围

---

① 才让卓玛：《高校图书馆文化建设与少数民族大学生素质培养》，《青海民族学院学报》2009 年第 7 期，第 160—162 页。

② 陈梦晖、吴艳阁：《图书馆文化在高校校园文化中的地位与作用》，《科技情报开发与经济》2009 年第 3 期，第 16—18 页。

绕以下三个方面做好自身的文化建设，突出民族特色，切实提高读者满意度，进而为校园文化建设做出应有的贡献。

第一，做好物质层面的建设。

应根据本馆馆藏情况，积极收集相关各院系的重点学科建设和专家、教授的文献需求信息，制定科学的馆藏建设规划，做好各种载体形式的文献采购工作。与此同时，应努力营造优雅的阅览环境和便捷的读者借阅系统，提高读者的学习效率，提高馆藏资源的利用率和馆员的工作效率。

第二，做好制度层面的建设。

科学合理的规章制度是民族高校图书馆实现科学管理、正常开展各项工作、充分发挥职能的前提。民族高校图书馆应改变原有的落后的管理制度和服务模式，树立具有鲜明民族特色的办馆理念和正确的价值取向，制定能够与时俱进、符合办学要求的各项规章制度和明确的服务目标，创新"人性化"的服务模式，营造浓厚的学习气氛和充满民族气息的学习环境，使读者和馆员都能感受到充满人文关怀的民族高校图书馆制度文化，从而自觉遵守和维护各项规章制度，形成和谐的民族高校图书馆制度文化氛围。

第三，做好精神层面的建设。

图书馆文化的本质是以人为中心的管理文化，图书馆开展的每一项工作和活动都是图书馆的精神风貌和优良作风的体现。因此，拥有一支高素质的馆员队伍，是图书馆精神文化建设的前提和关键。

民族高校图书馆应加强馆员业务培训和民族观教育，提高馆员综合素质和民族理论素养；塑造良好的充满民族关怀和民族热情的服务形象，打造具有民族特色的服务模式。要积极组织和举办各种读者培训活动、专题讲座等，形成一种积极进取、奋发向上的精神风貌和各民族团结、和谐的文化氛围，使馆员和读者都获得全面的发展，从而提升自身的能力和境界。

### 三　民族高校图书馆文化建设的策略

第一，应建设具有鲜明民族特色的民族高校图书馆文化，营造和谐、优美的学习环境，充分发挥民族高校图书馆文献信息中心的作用。

民族高校图书馆要在坚持党的民族政策和教育规律的基础上，结合民族高校校园文化建设的具体目标和要求，充分发挥民族高校图书馆的自身功能，为学校的专业知识教育和素质教育提供优质的文献信息资源和服务，促进校园内形成浓厚的学风和良好的校风。

第二，应加强文献资源建设工作，使民族高校图书馆拥有形式多样的馆藏文献载体，为民族高校校园文化建设奠定坚实的文献资源基础。

民族高校图书馆的馆藏在内容上应符合学科教学和科研工作的需要，在形式上应收藏多种载体形式的文献，特别应注重收集民族特色鲜明的民族地方文献，加强对这类文献的收藏和利用，展示其独特的文化价值和魅力。

例如：吉首大学图书馆十分注重实物文献的收藏，于1999年创建民族文化博物馆，收集了大量湘西内反映苗族、土家族、

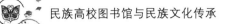

侗族、白族的生产用具、傩祭用具、乐器、兵器、服饰等实物380余件，向读者展示了湘西世居少数民族瑰丽神奇的民族文化，诠释了民族地方文献全新的内容和价值。①

第三，创新服务模式，提升服务质量。

民族高校图书馆是对少数民族大学生进行思想道德、科学文化教育的重要场所。民族高校图书馆应树立"读者第一"的服务理念，建立"以人为本"的服务制度，创新服务模式，拓展服务功能，提升服务质量，提高馆藏资源的利用率和读者的满意度。

第四，全面提高民族高校图书馆馆员的综合素质，创建良好的民族高校图书馆文化氛围、为校园文化建设服务。

民族高校图书馆馆员应加强对专业理论知识的学习，关注学术热点问题，掌握民族高校图书馆的基本知识和数字化、网络化环境下的服务技能，提高自身的专业素质。同时应加强马克思主义理论知识的学习，不断充实馆员的思想，提高馆员在新形势下的理论认识能力和政治辨别能力，提高馆员的政治理论素质②，进而全面提升馆员的综合素质。

拥有一支具有较高综合素质的馆员队伍，是创建民族高校图书馆良好的文化氛围、为民族高校校园文化建设服务的重要前提。

---

① 曾立群：《试论民族高校图书馆文化软实力的构建与提升》，《内蒙古科技与经济》2009年第11期，第113—114页。

② 冶进录：《市场经济条件下民族高校图书馆精神文明建设探讨》，《情报杂志》2001年第6期，第162—163页。

## 第二节　发挥民族高校图书馆的多重职能，加强
## 民族高校图书馆文化建设

吴慰慈、邵巍在其编著的《图书馆学概论》中认为，图书馆具有四大社会职能，即：社会文献流整序的职能；传递文献信息的职能；开发智力资源、进行社会教育的职能；搜集和保存人类的文化遗产的职能。[①] 民族高校图书馆也不例外。它不仅具备高校图书馆所应有的重要职能，还具有收集和传承少数民族文化、保护少数民族物质和非物质文化遗产的重要职能。

### 一　加强民族高校图书馆文化建设，应注重民族文献的收藏

民族高校图书馆应加强民族文献的收集整理、采集工作，提高民族文献的馆藏比例，完善馆藏结构，为学校的教学、科研工作提供载体形式多样、内容丰富的文献资源。在中国的各级、各类民族高校图书馆中，除中央民族大学图书馆的民族文献所占比例较大外，其他各馆所占比例都较小，馆藏比较陈旧。近年来，某些民族高校图书馆已在着力改变这一现象，这一做法，对其他民族高校图书馆有着重要的示范作用，值得其他民族高校图书馆的学习和借鉴。

---

① 李筑宁：《论民族地区高校图书馆对少数民族地区非物质文化遗产的保护》，《贵图学刊》2010 年第 1 期，第 4—7 页。

## 二 加强民族高校图书馆文化建设，发挥其在培养和提高少数民族大学生综合素质方面的积极作用

第一，民族高校图书馆文化建设有利于提高少数民族大学生思想道德素质。

据有关调查，少数民族大学生对我们伟大的祖国和各民族同胞有着深厚的热爱之情，他们希望祖国强大，希望民族昌盛，有着一颗可贵的报国之心。[①] 民族高校图书馆在思想上应正确引导，以书育人，培养他们正确的世界观、人生观、价值观；应传授给少数民族大学生现代科学文化知识，使他们具有一技之长，努力使他们成为国家的宝贵财富，成为国家的栋梁。民族高校图书馆收藏有大量的爱国主义书刊和电子资源——包括介绍祖国美好河山、悠久历史、民族文化风情的书刊；包括中外名人、伟人的传记；包括励志类书刊等等，丰富的文献资源能够帮助他们了解伟大祖国和中华民族的悠久历史和昔日辉煌，进而激发他们强烈的爱国之情和民族自豪感。因此，加强民族高校图书馆文化建设，特别是配合民族高校的大学生思想教育工作，通过优秀图书的宣传、导读和推介等活动，可以促进民族高校大学生思想道德素质的培养。

第二，图书馆文化建设有利于培养少数民族大学生良好的心理素质。

现代心理学表明：心理素质的优劣对于一个人至关重要，将直接影响到一个人的健康成长和发展方向。作为一种独特的群体

---

① 韦淑益：《民族院校图书馆在大学生素质教育中的作用》，《柳州师专学报》2001 年第 6 期，第 101—103 页。

文化——民族高校图书馆文化，其可以为少数民族大学生的人际交往和心理交流提供很好的平台，使他们可以拥有更多的心理调整和心理适应机会。由民族高校大学生读者组成的各种沙龙和社会实践活动，为他们提供了心灵交往的机会，为他们步入社会奠定了重要的心理基础。[1]

第三，民族高校图书馆文化建设有利于提高少数民族大学生的"信息素质"。

"信息素质"是少数民族大学生在民族高校学习时必须具备的素质。"信息素质"体现在信息意识的强弱和信息能力的高低等方面，表现为是否有能力在较短的时间内找到自己想要的文献资料。少数民族大学生的"信息素质"普遍比较低，信息意识淡薄，信息能力较差。这就需要民族高校图书馆加强对少数民族大学生的"信息素质"教育——比如，开设文献检索培训课、举办相关数据库的使用专题讲座等活动，帮助少数民族大学生提高"信息素质"，为他们使用民族高校图书馆提供辅导和帮助，从而进一步保护和激发他们的求知欲和学习兴趣。

### 三 加强民族高校图书馆文化建设，帮助少数民族大学生完善知识结构

民族高校图书馆丰富的文献资源以及各种载体形式的信息资源，为少数民族大学生结合教学内容、及时补充课堂所学知识提

---

① 才让卓玛：《高校图书馆文化建设与少数民族大学生素质培养》，《青海民族学院学报》2009 年第 7 期，第 160—162 页。

供了文献资源保障；为少数民族大学生拓宽知识面、活跃思维、培养兴趣、激发灵感提供了广阔的学习空间。民族高校图书馆可通过开展读书月、读书征文、优秀图书推荐、新书通报等灵活多样的活动，引导少数民族大学生积极利用各种优质文化知识资源，提高其专业修养，改善其知识结构，从而全面提升他们的学习质量和专业技能。

## 四 加强民族高校图书馆文化建设，发挥其民族观教育职能，促进大学生树立正确的民族观

民族高校图书馆收藏有丰富的民族文献，少数民族文献比例高于普通高校图书馆，能够为少数民族大学生提供载体形式多样、内容丰富的少数民族文献服务。民族高校图书馆应通过各种方式引导少数民族大学生阅读少数民族文献，使他们系统了解本民族的政治、经济、文化、宗教、民俗等发展历史，从而使他们全面认识我国多民族走向一体的历史发展事实，促进他们形成多元一体的正确民族观。

## 五 加强民族高校图书馆文化建设，使其成为促进校园文化建设的积极因素

高校校园文化对大学生健康成长起着重要作用。民族高校图书馆文化建设的优劣与民族高校的校园文化建设的成功相辅相成、息息相关。王永鸣认为："校园文化是社会整体文化的一部分，是指依托并通过高校这个载体来反映和传播的各种文化现象，是社会文化在大学校园的折射和反映，是社会变化作用于学

生的中介。这种文化是大学生群体价值观念、生活方式、行为思想的反映，具有时代性、开放性、超前性、创造性、复杂性和不稳定性的特征。具体而言，校园文化由四个要素构成，即校园观念文化、校园精神文化、校园物质文化和校园组织制度文化。"[①]陈梦晖、吴艳阁认为，校园文化"主要指高等学校基于其校园基础设施和独特景观上所特有的精神环境和文化氛围"。[②] 少数民族大学生来自不同的民族地区，有着不同的民族文化背景，这就使得民族高校的校园文化的内容更加丰富，形式更加多样，充满浓郁的民族特色。民族高校图书馆文化是民族高校校园文化的重要组成部分，应发挥民族高校图书馆特有的文献资源优势，加强民族高校图书馆的文化建设，大力弘扬民族传统文化，为民族高校校园文化建设提供有力支撑和文献资源保障。

## 六　加强民族高校图书馆文化建设，发挥其对少数民族文献和少数民族文化的传承和保护职能

民族高校图书馆在发挥其教育职能的同时，在保护少数民族文化、促进民族地区生态良性发展方面同样担负着重要的社会职能。少数民族文献具有多样性、复杂性和特殊性的特点，对于更好地研究少数民族的悠久历史和传承、弘扬民族文化，有着不可估量的价值。如果不对少数民族文献加以科学地收集、整理、加

---

① 王永鸣：《民族院校图书馆与校园文明建设》，《黔南民族师专学报》1998 年第 1 期，第 91—92 页。

② 陈梦晖、吴艳阁：《图书馆文化在高校校园文化中的地位与作用》，《科技情报开发与经济》2009 年第 3 期，第 16—18 页。

工、保存，大量的珍贵的少数民族文献就会遗失。

少数民族文献是特定民族和特定区域一切文化遗产的记录载体。加强地方少数民族文献建设，抢救和保护地方少数民族文化遗产，为民族地区文化研究和经济、社会发展提供可靠的信息资源，是民族高校图书馆义不容辞的重要责任。民族文献有着丰富的内涵，主要"是指不受载体、形式、出版方式限制的，反映一个民族历史、地理、政治、经济、科学、文教、卫生等方面的，具有重复性使用价值的历史和现代文献"。[①] 因此，科学地收集、整理和利用少数民族文献，有效的保护和传承少数民族文化，不仅是民族文化工作者的重要职责，更是民族高校图书馆的神圣使命。民族高校图书馆有着其独特的优势，应做好这一项长期而艰巨的工作。民族高校图书馆除以少数民族文献为重点进行收集、保护外，还可通过申请适合民族文化发展和保护的科研项目来促进民族特色文献建设。

此外，民族高校图书馆还可通过参与民族非物质文化遗产保护项目的实施，促进原始资料搜集和相关的学术研究。

## 七 加强民族高校图书馆文化建设，发挥其资源优势，为民族地区的旅游事业可持续发展提供文献信息服务

民族高校图书馆拥有得天独厚的资源优势、人才优势、技术优势，有条件建立全面系统的民族旅游文献信息资源网，为本地

---

① 徐小雪：《民族院校图书馆与民族文化生态保护》，《湖北民族学院学报》2003 年第 1 期，第 73—77 页。

区的民族旅游事业的开发和发展提供科学的依据。例如：吉首大学图书馆作为本地区民族文化、旅游信息资源的摇篮，自 20 世纪 90 年代至今，先后筹建了多种类型的博物馆、文献资料中心、文献库等，形成了自己的显明特色。其经常接待国内外专家、学者来访和查阅资料，为本地区实现可持续发展提供了文献资源保障。①

## 第三节　结语

综上所述，在今后的工作中，民族高校图书馆应进一步加强自身的文化建设，努力成为促进校园文化建设的积极因素，努力服务于培养更多的、合格的少数民族大学生的办学目标。在充分发挥民族高校图书馆的教育职能的同时，还应注意收集和保存民族文化遗产、保护和传承民族优秀传统文化，并将其作为民族高校图书馆文化建设的重要组成部分，为民族地区的政治、经济和文化的发展，做出应有的贡献。

---

① 　袁子英：《民族高校图书馆如何为民族旅游地区可持续发展建设服务》，《科技情报开发与经济》2006 年第 13 期，第 46—47 页。

# 第二十一章　藏文文献的收集、整理与开发

　　藏文文献是藏族人民智慧的结晶，是中华民族文化宝库中的一颗璀璨明珠。藏文文献是对藏族社会历史文化的真实记载和反映，卷帙浩繁，内容丰富，是进行藏学研究的宝贵原始资料，有着很高的文物价值和学术价值。长期以来，藏文文献的收集保护工作缺乏，致使大量珍贵藏文古籍面临破损、遗失的危险。因此，加强藏文文献的收集整理与开发保护工作，就成为一项极为迫切与艰巨的任务。将沉寂的珍贵文献呈现在世人面前，展现其特有的神奇魅力和巨大价值，对于藏民族文化研究有着重大的现实意义和深远的历史意义；对于弘扬中华民族的悠久文化，推进民族教育事业的发展，维护社会稳定和国家统一，实现中华民族的伟大复兴更有着重要的社会意义。作为西藏自治区高校图书馆，更应充分发挥专业优势和人才优势，积极投入到藏文文献的收集与开发工作中，为发挥藏文文献的学术价值、促进藏学研究事业贡献力量。

# 第一节　藏文文献的类型和特点

## 一　按时间划分

在藏学界，普遍以成文时间和文献载体形态的不同作为划分藏文古籍文献的标准和依据，以清晰地勾勒出藏文古籍文献的历史发展脉络。

学者阿来对藏文古籍的种类进行了系统分析和详细阐述，将藏文古籍按年代划分为吐蕃古藏文文献和吐蕃以后的藏文古籍。吐蕃古藏文文献主要包括四部分：即佛教典籍、敦煌写卷、金铭石刻、竹木简牍。文献的载体形式也多种多样，有皮革、石崖、石碑、鼎、贝叶等实物。吐蕃以后的藏文典籍，主要是伴随藏传佛教的发展和各个教派的形成而产生的大量的著作，是藏文典籍的主要组成部分。①

学者日吉措以载体为标准，对藏文文献进行认真梳理，在时间段的划分上更加细化，对藏文文献做了科学分类：①公元 6 世纪以前，为上古时期的藏文文献。这个时期主要以岩石、羊胛骨头和彩陶、木板、羊皮等作为文献的载体；②公元 7—9 世纪，为中古时期的藏文文献。这个时期将竹木、钟、寺庙的墙壁、纸张等作为文献的主要载体，产生了大量的简牍、钟铭、壁画、藏纸、手写卷等文献类型；③公元 9—13 世纪，为近古时期的藏文文献。随着造纸和印刷技术的发展，木刻印刷技术得以蓬勃发

---

① 阿华：《藏文古籍文献述略》，《青海民族研究》2001 年第 3 期，第 65—70 页。

展，西藏自治区在这个时期陆续建造了规模不一的印经院，推动了藏族文化的空前传播和发展；④公元 13—20 世纪以来，为近现代时期的藏文文献。为了弥补纸质文献传递、查阅和密度存储的不便，相继出现了记录在胶片、磁带和光盘数据库等载体中的文献类型。①

笔者在学习、借鉴专家学者关于藏文古籍文献分类意见的基础上，加以总结归纳，为便于藏文文献收集工作的开展与操作，认为藏文文献按时间和年代可粗分为三种类型，即吐蕃古藏文文献、吐蕃以后的藏文典籍、近现代藏文文献（公元 13—20 世纪中期以来的藏文文献）。前两类属于藏文古籍文献。各个时期的文献，无论以何种载体形式出现，都是收集的对象，在后续的整理开发工作中再进行著录和分类等加工工作，这样可使藏文文献收集工作尽可能的完整全面，使整理开发工作更加系统有序。

## 二　按内容划分

藏文古籍文献内容丰富浩繁，内涵博大精深。学者阿来从内容上对藏文文献的类型做了细致的划分：①敦煌古藏文文献，包括会盟、颁赏、述德、祈愿等内容；②藏文《大藏经》等佛教典籍，包括《甘珠尔》和《丹珠尔》两部分；③教派史志等藏传佛教文化典籍，包括宗教历史和寺院志等内容；④《吐蕃王统世系明鉴》等政史著作，包括王统世系、家族史和人物传记等内

---

① 日吉措：《论藏文文献载体的产生和演变》，《法制博览》2012 年第 5 期，第 222、215 页。

容，如著名的《西藏王统记》、《贤者喜宴》等；⑤《萨迦五祖全集》等文集类著作，是藏文典籍中的精华，内容除关于宗教的著述以外，还有很多关于因明学、传记、历史、诗歌、语言文字、医药、天文历算、工艺、音乐、绘画、雕塑、地理、书翰等各方面的论述；⑥诗歌，包括宣传、颂扬佛理的"道歌"（如《米拉日巴道歌》）、"格言诗"（如《萨迦格言》）、藏族长篇英雄史诗（如《格萨尔王传》）等内容；⑦《四部医典》等科学著作，包括藏医药学和天文历算等内容（如宇妥·云丹贡布所著的《四部医典》）；⑧《文成公主》等藏戏文献（如《文成公主》《朗萨姑娘》等八大藏戏）；⑨《三十颂》等语言文字著作（如吞弥·桑布扎等著的《藏文文法口诀》）；⑩《绘画度量衡》等艺术著作，包括壁画、唐卡（卷轴画）、木版画和堆绣等内容。①由此可见，藏文古籍文献对于世人正确认识藏民族文化、西藏自治区发展历史和社会变迁有着巨大的文物价值和学术价值，是值得我们永远珍藏的无价之宝。

### 三 藏文文献的特点

藏文文献因其不同的类型，具有不同的特点。学者包和平对民族古籍文献的特点进行了系统的分析，认为民族古籍文献有如下特点：第一，在收藏分布上呈现散布性的特点，分布范围广泛；第二，在文献传递上有着局限性的特点，主要表现在读者面狭窄和印刷数量少等方面，导致藏文文献宣传和推广的难度很

---

① 阿华：《论藏文文献的开发和利用》，《中国藏学》2000 年第 4 期，第 106—122 页。

大；第三，是民族古籍文献有着老化慢、生命力强的特点，这是由文献所具有的综合作用决定的。① 这些特殊的属性，决定了藏文文献的收集和开发工作难度之大和意义之重大。

中华人民共和国成立以后，随着印刷出版技术的发展和社会关注度的提高，相对于藏文古籍文献，其出版量逐渐增大，收藏者也越来越多，收藏量逐步增加，使文献收集工作的难度有所降低。

## 第二节　藏文文献的分布与收藏

据 1991 年的统计数据显示，除了被盗运和遗失到国外的藏文古籍文献，现存于中国国内的藏文古籍文献，约有藏文档案文书 300 万卷，藏文古籍 60 多万函，主要分布在西藏、青海、甘肃、四川、云南、内蒙古和辽宁等地，其中有 80% 左右分布在西藏自治区。这些分布在各地的文献，大部分集中在佛教寺院中。其中，西藏自治区各寺收藏总数约为 50 万函上下。② 此外，还有部分藏文文献被收藏在公共图书馆、博物馆、高校图书馆、各级研究机构图书馆或资料室、档案馆等处，私人收藏也有一些。

中华人民共和国成立以后，随着出版社的增多和出版量的增加，以及出版发行工作的日渐规范，收藏单位的购买、收藏工作

---

① 包和平：《民族古籍的特点及其开发利用研究》，《中南民族大学学报》2009 年第 5 期，第 80—83 页。

② 包寿南：《论藏学文献的建设与开发利用》，《西藏研究》1994 年第 2 期，第 132—136 页。

得以正常有序地开展。这一点在公共图书馆、高等学校图书馆、研究机构图书馆或资料室、档案馆等部门表现较为明显，藏文文献的收藏工作成效显著，尤其是对于中华人民共和国成立以后出版的藏文文献有着较为系统的收藏。目前，国内主要有西藏人民出版社、西藏藏文古籍出版社、中国藏学出版社、民族出版社等出版藏文文种图书，它们为藏文文献的规范化出版、发行做出了很大贡献。

## 第三节　藏文文献收集的具体措施

随着社会信息需求的多样化和计算机网络技术、数据处理技术在图书馆界的广泛应用，藏文文献作为中华民族文化的瑰宝，其收集与保护、开发工作日益为图书馆界所重视。民族高校图书馆也不甘落后，将藏文文献的收集、保护和开发利用工作列为工作重点。但是，如果将藏文文献数据的收集工作仅仅局限在电子资源、数字资源和网络资源范围内，那么所收集到藏文文献将是极为片面和不准确的，势必会遗漏大量的藏文古籍文献——因为大部分藏文古籍文献仍是以原始形态存在，有些藏文古籍文献甚至至今还沉睡在某个不为人知的地方，并未进行数字化制作工作，并未形成数字文献或网络文献。因此，应在藏区范围内的图书馆、档案馆、博物馆、各级地方文化部门和文物保护部门、民间个人之中进行广泛的走访和调查，尽可能收集全面详实的藏文文献，进而对所收集的藏文文献进行数字化加工，建立藏文文献数据库，构建科学、系统的藏文文献数字服务体系。

## 一 认真调查，确定藏文文献收集范围

首先，应以文献的内容、载体、语种等因素确定收集的标准和范围。只要是有关藏族居住地区、藏民族文化知识、藏民族语言文字记录的一切文献和实物，均可列入藏文文献的收藏范围。

其次，应确定文献分布、收集的地域范围。工作人员应深入民间、寺庙、古旧书店、各类书摊等场所进行广泛探访、搜集，做到心中有数，准确确定藏文文献的收集范围，以使藏文文献收集工作能够集中专业力量，有的放矢，高效率的工作。

西藏自治区已初步形成以政府为主导，以自治区古籍保护中心为基础，民间积极参与的四类古籍普查保护网络体系：即各地市、县乃至各收藏单位（寺庙）古籍普查保护网络体系；区直各重点收藏单位古籍普查保护网络体系，包括各级各类图书馆、西藏自治区博物馆、罗布林卡管理处和西藏自治区政协等收藏单位；三大重点收藏单位古籍普查保护网络体系（布达拉宫、哲蚌寺、萨迦寺）；个人收藏古籍普查保护网络体系。[①] 近年来，西藏自治区古籍普查保护工作成效显著，如：已完成第四批国家珍贵古籍名录和全国重点古籍收集单位的申报工作，共申报225函珍贵古籍和4家古籍收藏单位；西藏自治区有关部门对拉萨市政协所藏82函历史文献进行了详细的登记造册；阿里地区全面完成

---

① 王昕秀：《西藏已初步形成四类藏文古籍普查保护网络体系》，http://www. tibetcul-ture. net/2012zxyj/zx/201212/t20121223_ 1807736. html，2012 年 7 月 9 日。

首次全地区范围的古籍普查工作，共登记 2300 多函；西藏自治区投资 60 多万元征集了 170 多部珍贵古籍，协助国家古籍保护中心完成了藏文古籍普查平台软件的研发工作；《西藏珍贵古籍名录图录》出版工作已进入尾声①，等等，为藏文古籍普查、收藏工作做出了巨大贡献。

### 二 整理建档，编制藏文文献目录和缺藏目录

首先，要注重基础工作的落实，为文献收集工作奠定坚实基础。在确定收藏范围的基础上，摸清家底，编制科学完善的藏文文献收藏目录，力争编辑、制作的目录能够体现准确和完整的藏文文献信息，并将其进行数字化处理，形成数字资料——例如，Word、Excel 格式的数据文件，在没有网络支持的环境中也能正常使用，便于携带和查重核实使用。

其次，要注重缺藏藏文文献目录的编制。通过对藏文文献收藏目录的梳理，针对已知的缺藏文献，编制缺藏文献目录，有效地进行查漏补缺工作，为藏文文献的收集和补充工作提供重要依据，节约文献的查重时间，避免在藏文文献收集过程中的重复性工作，确保文献收集工作的质量和效率。

学者包和平和王学艳，对中国的民族文献书目控制工作做了全面总结，系统阐述了藏文文献书目控制工作的发展情况，将中国民族文献书目控制工作划分为由中华人民共和国成立后的发展

---

① 索朗达杰：《西藏古籍普查保护取得实质进展》，http://www.tibet328.cn/01/01/201203/t20120307_ 223293. htm，2012 年 3 月 7 日。

起步和逐步走向成熟发展的两个阶段。认为民族古籍的书目控制主要有三个途径，一是全国性书目控制，二是地区性书目控制，三是馆藏书目控制。①

中华人民共和国成立后，最先编印的一部大型馆藏古籍目录是1959年编印的《拉卜楞寺总书目》（油印本），1985年由青海人民出版社正式出版，书名改为《藏文典籍要目（藏文）》，这是一部关于拉卜楞寺公私藏书的联合目录，收入了178位大师的近万部著作，是藏文目录中记录最详细的一部。中国民族图书馆编辑的《藏文典籍目录：文集类子目》共3册，1984年7月、1989年12月由四川民族出版社出版了上册和中册，下册于1997年3月由民族出版社出版，该目录收录了中国民族图书馆馆藏180余家文集的要目，具有很高的学术价值和实用价值。与《藏文典籍目录》相对应的文集类目录是1995年12月由中国藏学出版社出版的《德格印经院目录大全》，该目录由四川甘孜藏族自治州编译局和德格印经院联合编纂，是一部集书目与资料为一体的大型工具书。②

西藏、四川、云南、青海、甘肃五省区组成藏文古籍协作小组，从1997年9月开始着手编纂《全国藏文古籍联合目录》，于1997—2001年完成藏文古籍的普查和简目编写工作，在2007年全部完成《全国藏文古籍联合目录》。

---

① 包和平、王学艳：《我国少数民族文字文献的书目控制》，《中国图书馆学报》2002年第3期，第67—71页。

② 同上。

### 三　建立科学规范的文献呈缴制度

1979 年 4 月 18 日，国家出版事业管理局颁布《关于征集图书、杂志、报纸样本的办法》。为保存中国出版物，要求凡出版社、杂志社和报社编辑、出版的各种图书、杂志、报纸，均应在出版物出版后即向国家出版事业管理局、版本图书馆（包括二库）及北京图书馆缴送出版物样本，并对图书的不同版次、印次的呈缴制度作出明确规定。[①] 2001 年 12 月 25 日颁布、2002 年 2 月 1 日实施的国务院令第 343 号（《出版管理条例》）、第 341 号（《音像制品管理条例》），分别对出版物（包括报纸、期刊、图书、音像制品、电子出版物等）、音像制品的呈缴与处罚制度作了明确规定。[②] 督促各地区的各级民族文献出版单位和电子数据商定期、保质、保量地将其出版、制作的公开和非公开的纸质文献和数字文献等各类文献资料，无偿地向国家图书馆等相关部门缴送样本和电子数据，确保文献收集工作的顺利进行。这是保证图书馆系统有效收集和完整保存少数民族文献的有力举措。

## 第四节　藏文文献的数字化开发

藏文文献资源的数字化，包括建立藏文古籍和现当代藏文文

---

① 廖腾芳：《我国图书呈缴本制度的变迁及存在的问题》，《现代情报》2005 年第 11 期，第 12—14 页。

② 纪晓平、周庆梅：《我国呈缴制度的立法思考》，《大学图书馆学报》2006 年第 3 期，第 18—23 页。

献数据库，可以有效地实现对原始藏文文献的保护，特别是对于脆弱的藏文古籍、贝叶经等珍贵文献，更是具有非凡的意义。这既能有效地发挥藏文古籍的文献价值，又能很好地避免因反复使用而造成的人为损害，最大限度的减少自然损害的程度。读者在网络环境下，通过藏文文献数据库进行文献检索和使用，极大地提高了藏文文献的利用率。

## 一 藏文文献著录工作规范化

藏文文献著录工作规范化是藏文文献数字化的首要前提——即利用图书编目系统，由编目工作人员通过键盘逐字逐句地将图书的相关信息输入系统。这种做法的效率较低，需要投入较多的人力，但是建成后会为文献的检索带来极大的便利。针对藏文文献收集工作的具体情况，如果是对已收藏的藏文文献进行数据录入，是较为可行的办法。而当开展藏文文献的外出采集、收集工作时，文献著录就无法实现了，只能通过书目数据信息为文献查重提供参考依据。

藏文文献著录工作主要依据《中国图书分类法》进行分类，根据《汉语主题词表》提取主题词。虽然藏文文献著录工作大多依据《中国图书分类法》和《汉语主题词表》的标准执行，但是由于藏文文献与汉语文献的不同，存在分类不贴切、主题词标引不太准确等问题，各单位的著录工作有着不同的标准和做法，包括一些寺院在内的各藏文文献收藏单位的文献数据库大多是自建自用，相互间的沟通较少，也在不同程度上存在着差异。因此，亟须改变全国范围内没有统一著录和分类标准的现状。应进一步统一标准，在细节上做到科学规范，在实施步调上努力保持一致，为藏文文献著录和分类工作的规范统一、文献数据的共建，为创建藏文文献数据库系统、实现文献资源共享，奠定基础。

### 二　藏文古籍文献的修复工作

由于历史悠久，收藏年代久远，藏文古籍文献普遍存在不宜搬动、易破损的现象，很多藏文古籍文献已有破损情况，所以藏文古籍文献的修复工作是一项极为迫切和重要的工作。学者李万梅认为，对藏文古籍文献进行修复，是对藏文古籍文献进行科学保护与抢救工作的重点。各收藏单位应有计划地对馆藏破损藏文古籍文献进行修复，要特别重视一些孤本和濒危古籍的修复工作。修复工作是一项非常细致、科学的技术性工作，所做的工作一定要坚持科学化、规范化和标准化，要将修复工序进行翔实记录，建立修复档案。在修复过程中，要不断摸索和改进修复技术，对已经破损的藏文古籍文献，采用传统修裱技法和现代修复方法相结合的方法加以修复，防止藏文古籍文献的纸张受到进一步的损坏。①

寺院是藏文古籍的重要收藏地，将寺院纳入到古籍整理、修复工作之中，对藏文古籍修复保护工作有着极大的推动作用。色拉寺、大昭寺作为藏传佛教的著名寺院，收藏有大量关于宗教、

---

① 李万梅：《藏文古籍文献的科学保护与抢救》，《图书与情报》2011 年第 4 期，第 125—128 页。

历史、医药等方面的古籍。部分古籍由于成书历史久远，出现了不同程度的破损。早在 20 世纪 80 年代，一些僧人就开始对寺藏古籍进行保护、整理，但由于资金、技术的局限，修复工作进展缓慢。2006 年，色拉寺、大昭寺共同出资组建了"色昭佛教古籍经典收集整理印经室"，使古籍保护整理工作进入了一个新阶段。他们将从寺庙或者民间收集来的藏文古籍，首先进行破损修复，清除书页上的灰尘和杂质，然后进行扫描，打印成副本，最后由打字员把古籍内容录入电脑，经过审校后，采用现代印刷技术，出版成册。目前，已先后出版 328 部古籍经典。①

### 三 藏语言文字信息处理技术

藏文信息处理，首先应解决语言信息处理的技术问题，包括机器翻译、信息检索、信息提取、文本校对、文本生成、文本分类、自动摘要以及文字识别和语音识别等应用领域。② 中国已在 2006 年 5 月之前完成《藏文信息技术专用术语国家标准和国际标准》的制定，这样就能够使用中国制定的国家标准，名正言顺地要求微软在其新的产品中准确、完整地支持中国的藏文。③ 学者徐丽华认为，藏语言文字信息处理应采用统一的藏文数字化软件和格式——如国际标准编码 ISO-IEC 10646（GB 13000/Unicode），

---

① 白少波：《西藏寺院保护古籍》，http：//www.tibetculture.net/2012zxyj/zx/201212/t20121223_1807704.html。

② 陈玉忠、俞士汶：《藏文信息处理技术的研究现状与展望》，《中国藏学》2003 年第 4 期，第 97—107 页。

③ 周炜：《现代化进程中的藏语文信息处理》，《中国藏学》2006 年第 2 期，第 260—265 页。

这个标准是国际标准公认的标准，在字型、程序语言、输入法、编辑器、浏览器及数据库管理等方面都获得支持，可以容纳数十种世界上最复杂的文字，其中包括繁、简体中文和藏文。中国的汉文古籍专家也一直呼吁汉文古籍数字化工作采用该国际标准编码，所以藏文文献数字化工作使用该国际标准编码应该是较为科学的做法。① 汉、藏古籍专家认同的国际标准编码，为藏文文献数据库与国内外藏文文献数据库的建设标准的统一、实现文献资源的共建、共享创造了技术条件。

### 四　扫描、缩微复制技术

针对藏文文献的文字、载体形态等方面的特殊性，要实现藏文文献的数字化，扫描技术和缩微复制技术的发展和应用，是必要的技术支持。该技术在使珍贵的原始藏文文献得到充分应用、最大限度发挥史料价值的同时，避免了它们再次受到损害。

扫描技术是藏文古籍数字化工作广泛应用的技术之一——即光学字符识别（OCR）扫描输入的方法。扫描技术的使用，有着资金投入较少、技术易于学习和掌握、成效显著等优势，是一个较为快捷、高效、能够如实反映藏文文献真实内容的途径。但是，扫描方法也有其局限性的一面——扫描仪器的尺寸规格有限，而藏文古籍多为梵夹装，外形为长而窄的条状页面，为扫描仪器的使用和扫描文件的识别等带来诸多不便。

---

①　徐丽华：《关于藏文古籍数字化的思考》，《中国藏学》2011 年第 2 期，第 153—158 页。

　　缩微复制法就是利用多媒体技术等高科技手段对藏文古籍文献的全文进行数码拍摄、缩微复制、电子扫描等技术处理，可以使图、文、声、像融为一体，形成完整的数字信息，将藏文古籍文献转换为数字数据，使文献内容得以充分的呈现。读者可以通过网络系统进行检索，获取文献的信息。①

## 五　建立藏文文献数据库，实现资源共享

　　对于建立藏文文献数据库这一目标，各自为政、单打独斗的工作方式是不行的，应创建藏文文献数据共建、共享组织，吸纳相关的图书馆、档案馆、博物馆以及地方文化部门，将各自收藏的藏文文献进行数字化处理，将资源科学整合，组建可共享的藏文文献数据库。文献原件依旧由原单位收藏；共享组织的成员，在贡献收藏文献资源的同时，享有使用其他成员单位的文献资源的权利。这可从真正意义上实现"藏以致用、资源共享"的目标，能有效发挥文献的价值，为藏学研究工作提供有力的文献资源保障。学者包和平认为民族文献数据库建设可有4种形式：即书目数据库、提要数据库、全文数据库、混合数据库②，可根据用户不同的文献需要，设置不同的检索路径，以满足用户不同的文献检索需要。

---

　　① 李万梅：《藏文古籍文献的科学保护与抢救》，《图书与情报》2011年第4期，第125—128页。
　　② 包和平：《民族古籍的特点及其开发利用研究》，《中南民族大学学报》2009年第5期，第80—83页。

# 第五节　结语

**得到保护的藏文经文（照片提供马凌云）**

藏文古籍文献是藏族千百年来文化的结晶，是中华民族的文化瑰宝，蕴含着巨大的文物史料价值和文化学术价值。藏文古籍在民族高校的藏学教学、科研工作中发挥着承上启下的重要作用。因此，加强收集、开发与保护藏文古籍，实现资源共享，对于研究和弘扬藏族文化，有着重要的历史意义和现实意义。

# 后　记

　　岁月如梭，时光荏苒，不知不觉，我已在西藏民族大学图书馆度过了 25 个春秋。在这里，我迎来了一批批神采奕奕的莘莘学子；在这里，我送走了一批批踌躇满志的毕业生；在这里，我的称呼也发生着有趣的变化。我校的藏族学生中的大部分人，是第一次走出青藏高原，他们对外人的称谓多为哥哥、姐姐、叔叔、阿姨，他们说，只有这样才能表达尊敬和亲切的美好情感。因此，我的称呼在这些年中也在悄然发生着变化，从一声声亲切的"姐姐"，不知何时变成了饱含敬意的"阿姨"。

　　在图书馆浩瀚的书海里、在林立的书架中，我心如止水，责任感油然而生。面对着一张张稚嫩的面孔，为他们温和细致地答疑解惑，看着他们满意的致谢和开心离去的背影，我的心里涌上了一丝暖意和满足。虽然我没有站在神圣的讲台上，可是他们也是我的学生，我也是他们的老师。走在校园里，面对不知姓甚名谁的学生的一声声礼貌的问候时，我开心地予以回复，心里更是乐开了花。

　　在西藏民族大学图书馆工作的点点滴滴，是我成长进步的动力源泉。我把工作中的所思所想记录下来，阅读大量的图书，在电脑上查阅大量的文献资料，从中学习借鉴其他省市图书馆先进的办馆理念和服务方法，使眼界得以开阔，使思维得以拓展，并在实践中加以适当的应用，效果是可想而知的。

本书是我将平时工作中的思考片段、研究内容加以汇集整理，在学习吸收其他省市公共图书馆、高校图书馆、民族图书馆及文化部门的先进工作经验的基础上，力求成为一个较为系统完整的研究体系，以期抛砖引玉，做出一点细微的贡献。

本书的出版，得益于我校领导的关心与支持；得益于我校专家的无私指正；得益于业界专家与同仁的专业指导；得益于图书馆领导与同事的支持与帮助；得益于出版社老师们的指导和支持；得益于我的家人和亲朋好友支持与鼓励；还有给我启发的文献工作者们，请谅解无法一一说明。在此，向大家表示衷心的感谢和真诚的敬意！

因本人学识有限，论述粗浅，难免有错讹之处，敬请学界同仁和读者朋友批评指正。

马凌云

2016 年 12 月